DIE WUT IN DER BLECHKISTE

...und die Kunst zu überleben!

Erfahrungen eines PKW-Vielfahrers

von

Stefan Rumpf

© 2020 Stefan Rumpf

Verlag und Druck: tredition GmbH, Halenreie 40-44, 22359 Hamburg

ISBN
Paperback: 978-3-347-06419-5
Hardcover: 978-3-347-06420-1
e-Book: 978-3-347-06421-8

www.tredition.de

Inhalt

Einleitung: Warum schreibe ich dieses Buch?

Und warum habe ich gerade dieses Coverbild gewählt?

Ja, das Bild provoziert und erzeugt Aufmerksamkeit!
Allerdings habe ich mir mehr als nur Effekthascherei dabei überlegt. Denn jedes Buch hat zwei Seiten. Und auf der Rückseite findest Du ein weiteres Bild eines freundlichen Autofahrers, der sich mit winkender Hand bei einem anderen Verkehrsteilnehmer bedankt.

Und diese zwei Bilder zusammen erzählen die erste Geschichte des Buches. Du als Leser kannst entscheiden, bei jeder Fahrt, wer Du sein willst. Der mit dem Mittelfinger, oder der mit der winkenden Hand?
Deine Entscheidung!

Nach 32 Jahren mit Führerschein und fast 20 Jahren im Außendienst, bin ich täglich 200 bis 300 km auf den Straßen NRWs unterwegs.

Die Autobahn ist mein zweites Zuhause geworden.

Meine Erlebnisse und Erfahrungen, die ich in dieser Zeit bis heute gesammelt habe, gebe ich in diesem Buch weiter. Aus der Praxis für die Praxis.

Bevor ich in die heutige Praxis einsteige, ein Blick zurück in die gute alte Zeit ins Jahr 1964. Der schon damals nicht ganz ernst gemeinte Beitrag vom Report München zeigt die Situation auf deutschen Straßen vor mehr als 50 Jahren.

Film vom 27.04.1964 Verhaltensweise deutscher Autofahrer Report München.[1]

https://www.br.de/fernsehen/das-erste/sendungen/report-muenchen/report-verkehr-rechte100.html

Meiner Meinung nach, gibt es durchaus heute noch Parallelen...

---

[1] (report, München, Parodie über Verkehrsrechte vom 27.04.1964 2012)

Kennst Du solche Post?

Kreispolizeibehörde Unna
Verkehrskommissariat

Kreispolizeibehörde · Obere Husemannstr. 14 · D-59423 Unna
AZ: 2073000715604/SchKa

28.08.2019

DV 14 3030 C811 5A A001 0F81
08 0,80 Deutsche Post

*5546*0004344*K7087*

S. Rumpf

Aktenzeichen:

bei Antwort bitte angeben

Schriftliche Verwarnung mit Verwarnungsgeld / Halterfragebogen

Sehr geehrte Damen und Herren,

der / dem Führerin/Führer des PKW AUDI, ▬▬▬▬wird
vorgeworfen, am 19.08.2019, 19:22 Uhr in Bergkamen-Heil,
Westenhellweg/ggü. Zufahrt Kraftwerk, FR Lünen, folgende
Ordnungswidrigkeit(en) begangen zu haben:

| Zahlungshinweise |
| auf der Rückseite! |
| (Seite 2) |

Sie überschritten die zulässige Höchstgeschwindigkeit außerhalb
geschlossener Ortschaften um 9 km/h. Zulässige Geschwindigkeit: 70
km/h. Festgestellte Geschwindigkeit (nach Toleranzabzug): 79 km/h.
§ 41 Abs. 1 iVm Anlage 2, § 49 StVO; § 24 StVG; 11.3.1 BKat

Bemerkungen:

Beweismittel: MULTANOVA 6F
                Film-Nr. 9190224 Bild-Nr. 067

Zeugen: PHK

* Zahlungshinweise auf der R Ü C K S E I T E (Seite 2) beachten! *

Auf keinen Fall will ich dieses Buch mit erhobenem Zeigefinger schreiben. Ich bin selbst kein Engel, wie der Verwarngeldbescheid zeigt. 10 € mal wieder weg...

Allerdings werde ich mir an der ein oder anderen Stelle nicht verkneifen können, auch mal altklug Regelkunde einfließen zu lassen.

Ja es gibt ein Regelbuch, das nennt sich Straßenverkehrsordnung, kurz StVO. Schon mal gehört?

Ich werde die ein oder andere Frage stellen, die Du Dir vielleicht auch schon selbst gestellt hast und in diesem Buch beantworten.

Ich setze mich in meinem Buch für mehr Toleranz, Respekt, Verständnis, Rücksicht und Verantwortung im Straßenverkehr ein.

Werte die generell in unserer Gesellschaft gelten sollten. Ich beobachte täglich, dass die Hemmschwelle gegen diese Werte zu verstoßen, im Straßenverkehr sehr gering ist.

Ich hoffe, dass dieses Buch daran etwas ändert, ein Umdenken bewirkt und die Straßen ein wenig sicherer macht.

Meine Geschichte, mein Wandel, hilft Dir vielleicht, im Straßenverkehr besser zurecht zu kommen.

Glaub mir, es funktioniert....

Ist das o.k., wenn ich Dich Duze? Wenn Du andere Verkehrsteilnehmer anschreist, rufst Du ja auch nicht „Sie Arschloch", sondern „Du Arschloch", aber dazu später mehr...

Dieses Buch soll Dich auf der einen Seite humorvoll unterhalten und auf der anderen Seite ernsthaft zum Nachdenken anregen. Nebenbei fließt hier und da noch etwas Fachwissen zur Auffrischung ein. Kann ja nicht schaden...

Denn eins ist sicher:

Vernünftiges Verhalten im Straßenverkehr schont nicht nur Deinen Gelbbeutel, sondern auch Dein und das Leben anderer...

Wenn Du auf den Straßen unterwegs bist, solltest Du immer mit dem Fehlverhalten anderer rechnen und nicht auf Dein Recht beharren.

Ich sag es mal so krass, wie es ist. Es nützt Dir gar nichts, wenn auf Deinem Grabstein stehen würde: „Er/Sie hatte Vorfahrt."

Ich empfehle Dir, das Buch von Anfang bis Ende zu lesen. Du kannst Dir allerdings auch einzelne Kapitel oder Fragen gezielt heraussuchen und quer einsteigen.

Auch später (man vergisst ja so schnell) dient dieses Buch für Dich als Nachschlagewerk.

Neben den Links, die Du vom E-Book ja direkt anklicken kannst, habe ich auch jeweils den QR-Code abgebildet.

Wenn Du ein gedrucktes Buch benutzt, kannst Du mit einem Handy oder Tablett bequem den QR-Code scannen, um so zum Ziel zu kommen.

Also biete ich Dir hier ein interaktives Buch.

Ich wünsche viel Spaß beim Lesen (bitte nicht während der Autofahrt) und komm immer sicher ans Ziel.

Kapitel 1: Wer bin ich?

Ich sagte ja bereits, ich fahre viel Auto...

Und hinter jedem Steuer sitzt ein Mensch (zurzeit zumindest noch...) mit einer Geschichte, mit einem Leben und mit einer Persönlichkeit...

Und damit Du ein wenig mehr über meine Persönlichkeit erfährst, stelle ich mich nun einmal kurz vor.

Ich bin 50 Jahre alt, verheiratet, zwei Kinder (21 und 17 Jahre).

Meine 21-jährige Tochter, Natalie nimmt auch seit vier Jahren (mit 17 begleitetes Fahren mit Mama oder Papa) aktiv am Straßenverkehr teil, weiß alles und kann alles (aber das ist ein anders Thema, darüber könnte ich ein separates Buch schreiben...). Natürlich sind bei ihr immer die anderen Verkehrsteilnehmer schuld.
Meine 17-jährige Tochter Isabell, hat nun auch, nach erfolgreicher Führerscheinausbildung, die Fleppe in der

Tasche und sammelt erste Erfahrungen auf den Straßen.

Also das Thema Straßenverkehr ist bei uns immer aktuell.

Als ich in meiner Ausbildung zum (damals hieß es noch so...) Gas und Wasserinstallateur 18 Jahre alt wurde, hatte ich auch bereits den Führerschein gemacht.

Ich kann mich noch gut an meine Führerscheinausbildung erinnern.

Die ersten Fahrversuche auf der Straße, das Abwürgen des Autos an der Ampel und das Hupen der Andern, was übrigens nichts hilft. Es macht den Fahrschüler nur noch nervöser und dann dauert es noch länger.

Eine Situation in der Fahrausbildung werde ich nie vergessen.
Vielleicht war genau das ja vom Fahrlehrer so gewünscht. Nur damals habe ich das nicht so gesehen, ich war sauer!

Was war passiert?

Ich fahre so gemütlich und friedlich in einer Siedlung herum, als ich an einer, durch einen parkenden LKW verengten Stelle abrupt zum Stehen kam.

Völlig überraschend für mich, hatte der Fahrlehrer voll auf die Bremse getreten, genau auf der Höhe des LKW.

Ich erschrak mich total und schaute ihn wütend an. Was soll das denn, dachte ich zuerst, und fragte es dann auch.

Er erklärte mir dann, dass ich mit viel zu hoher Geschwindigkeit an dieser Gefahrenstelle (Verengung) vorbeifahren wollte, drehte seine Seitenscheibe runter (damals war noch nichts elektrisch) und deutete auf den geringen Abstand zwischen Außenspiegel und LKW hin.

Die Lektion war, vorausschauend zu fahren, Gefahrensituationen frühzeitig zu erkennen und die Geschwindigkeit entsprechend anzupassen.

Keine so schlechte Idee, auch heute noch....

Na ja, ich hab dann letztendlich die Prüfung im ersten Anlauf geschafft. So bekam ich auch direkt einen Firmenwagen (Renault R4 mit Revolverschaltung), um damit Kundendienst als Klempner zu machen.

Mein Lehrbetrieb war damals vor über 30 Jahren in einem kleinen Ort. Über das Thema Straßenverkehr habe ich mir zu dieser Zeit keine Gedanken gemacht.

Die Zeiten haben sich geändert...

Heute arbeite ich im Außendienst einer großen deutschen Firma im Vertrieb von technischen Produkten im Tiefbau. Nun bin ich in ganz NRW unterwegs.

Dabei besuche ich Tiefbauämter von Städten und Gemeinden, Planungsbüros, Bauunternehmen und Großhändler.

Mein Beruf ist meistens sehr stressig, da ich immer unter Termin- und Umsatzdruck stehe, aber es macht mir trotzdem Spaß.

Jeder Tag ist zeitlich durchgeplant, weil meine Kunden ja auch andere Termine haben. Leider ist der Straßenverkehr nicht kalkulierbar. Das hat mich zu Beginn meiner Außendiensttätigkeit gehörig zusätzlich unter Druck gesetzt. Aber dazu später mehr...

Wenn ich nicht gerade arbeite, treibe ich gern Sport und zwar Triathlon.
Ach ja, schon wieder so einer der einer Trendsportart hinterherrennt und anderen

beweisen will, was er für ein toller Hecht
ist, wirst Du jetzt denken...
Ja, Du hast Recht! Triathlon ist den letzten
Jahren immer beliebter geworden und das ist
auch gut so.

Und mit dem Hinterherrennen hast Du auch
recht. Ich bin nicht gut, deswegen renne ich
meist hinterher...

Und da ich den Sport jetzt schon im
10. Wettkampfjahr mache, ist es für mich kein
Trend, der chic ist, wenn ich es mache, und
womit ich angeben kann.
Nein, nicht bei meinem Leistungsniveau. Ich
liebe die Bewegung und den Wettkampf nach
dem Motto: Dabei sein ist alles!

Andere Hobbys habe ich leider auch noch
(leider, weil einfach zu wenig Zeit für alles da
ist. Kennst Du das? Der Tag ist zu Ende und
Du hast gar nicht alles geschafft, was Du
wolltest).

Ich habe mir den Luxus erlaubt, bei uns im
Haus ein „Spielzimmer" einzurichten (nicht das
was Du jetzt denkst...).

In diesem Raum steht ein 8 Fuß Billardtisch,
ein Geldspielautomat mit Drehscheiben und

ein gut ausgeleuchteter Steeldartplatz; deshalb Spielzimmer.
Ich unternehme auch gerne etwas mit der Familie und Freunden, gehe gern ins Kino oder Cabaret. Also, bei mir kommt keine Langeweile auf...

Ich bin zielstrebig, ehrgeizig, zuverlässig und nicht unbedingt ein ruhiger, sondern eher der rastlose, laute und temperamentvolle Typ.

Und damit kommen wir auch schon zurück zum Straßenverkehr. Da geht es ja auch recht temperamentvoll zu und es ist manchmal schwierig, die nötige Ruhe zu bewahren.

Also denk dran, bevor Du losbrüllst:

In jedem Auto Sitz ein Mensch mit einer Geschichte. Ein Mensch in einer vielleicht besonderen Lebenssituation. Vielleicht mehr als nur ein Arschloch...

Kapitel 2: Wie alles begann

Im Jahre 2000 ging es für mich beruflich in den Außendienst und ich bekam meinen ersten Firmenwagen.

Heute für mich etwas Selbstverständliches, damals etwas ganz Besonderes. Keine Kosten für mich für Versicherung, Werkstatt, Sprit und auch noch private Nutzung war mit drin.

Zwar zahl ich über die 1% Regel doch ein wenig, allerdings kann man meiner Meinung nach günstiger kein Auto fahren.

Kleiner Steuertipp am Rande:

Wenn die berufliche Nutzung deutlich größer ist als die private, lohnt es sich ein Fahrtenbuch zu führen.

Einfach gesagt weist man dadurch nach, dass man mit den bezahlten 1% Privatnutzung zu viel bezahlt hat. Somit bekommt man Geld vom Finanzamt zurück. Ich persönlich habe das einige Jahre nicht gewusst, und echt Geld verschenkt.

Zurück zum ersten Firmenauto, ein VW Passat Variant mit 150 PS, jetzt keine Rakete, aber schon ganz ordentlich.

Und da der Sprit von der Firma bezahlt wurde, habe ich natürlich erstmal Gas gegeben.

Da waren Verkehrsregeln eher hinderlich und die Straßenverkehrsordnung ganz weit im Gehirn nach hinten geschoben. Jeder andere Verkehrsteilnehmer war lediglich ein Bremsklotz...

Kurz gesagt:
Ich bin gefahren wie ein Terminator (da komm ich später nochmal zu) ich, ich, ich und nur schnell ans Ziel kommen.

Einmal habe ich mir sogar mit einem Audi-Fahrer auf der A1 ein Rennen geliefert.

Die Autobahn war dreispurig und es herrschte recht viel Verkehr. Ich fuhr natürlich links und wollte schnell nach Hause.

Hinter mir tauchte dann plötzlich der Audi auf. Natürlich fuhr er zu dicht auf. Ich dachte, was will der Arsch denn in meinem Kofferraum?

Ich lies mich provozieren und fuhr schneller, er natürlich auch.
So schaukelte sich das rauf, bis ich bei 200 km/h angekommen war. Es war unmöglich für mich bei dieser Geschwindigkeit nach rechts zu fahren, da die Lücken dort viel zu klein waren.

Ich war wie im Wahn! Irgendwann überholte mich der Audi Fahrer dann rechts, scherte vor mir wieder ein und nötigte mich zu bremsen. Die Schlacht war zu Ende, ich hatte verloren.

Gedacht hatte ich mir dabei nichts und mir war auch nicht klar, welchen Gefahren ich mich und andere Verkehrsteilnehmern ausgesetzt hatte.

Aus heutiger Sicht ist es mir völlig unverständlich wie ich mich da so verhalten konnte...Zum Glück ist nichts passiert.

Ärgerlich waren dann die regelmäßigen Tickets, die ich mir in dieser Zeit eingefangen hatte, hier mal 20 €, da mal 30 €, usw....

Irgendwann kam dann auch die erste missachtete rote Ampel (für mich war natürlich noch gelb...aber der Polizist sah das anders).

Ich hatte zwar einen guten Grund, ich war nämlich auf dem Weg ins Krankenhaus und wollte nicht zu spät kommen zur Geburt von Isabell. Aber auch das half nichts. 150 € und der erste Punkt, meinen Führerschein durfte ich zum Glück behalten.
Ja, so ging das munter weiter, zahlen und fröhlich sein, war die Devise.

Unachtsamkeit (beim Autofahren kann man ja so viele Dinge nebenbei machen) führten so zu kleineren Auffahrunfällen.
Blöd nur, dass jedes Mal der Arbeitgeber informiert wurde, weil beim Firmenwagen immer Polizei dabei sein musste.

Und dann kam es wie es kommen musste, mein erster selbst verschuldeter Unfall mit Totalschaden des Firmenwagens.

Ich war mal wieder abgelenkt...
Ich telefonierte mit meinem Kollegen im Innendienst (die Firma war also live dabei), zwar über eine Freisprecheinrichtung, aber trotzdem war ich einfach abgelenkt.

Ich stand an einer Kreuzung und wollte in eine Vorfahrtsstraße einfahren. Dabei übersah ich ein Fahrzeug und knallte dem mit voller Beschleunigung mitten in seine Fahrerseite.

Zum Glück gab es keine Personenschäden.
Der Tag war trotzdem für mich gelaufen...

Selbstverständlich kam ich in der Firma an
das „schwarze Brett der Schande". Solche
Geschichten sind ein gefundenes Fressen für
die nächste Vertriebstagung und halten sich
jahrelang in der Firma.

„Solche Geschichten" dürfen natürlich nicht
öfter passieren, auch wenn Versicherungen
das Finanzielle, damals ohne eine
Selbstbeteiligung, für mich geregelt haben.

Einmal sah ich auf der Gegenfahrbahn ein
lichterloh brennendes Fahrzeug stehen. Der
Unfall war noch nicht so lange her, da noch
keine Feuerwehr vor Ort war, nur die Polizei.

Aber dieses Bild von dem brennenden Auto, wo
gerade noch alle gefahren sind, brannte sich in
dem Moment in meine Pupillen ein. Ein
grauenvoller Anblick, der keinen kalt lässt.
Nach den Pupillen brannte sich dieses Bild bis
heute auch in meinem Gehirn fest...

Durch solche Geschichten begann bei mir das
Umdenken...

Zum einen war da der Gedanke an das hart verdiente Geld, welches durch die Blitzerei zusammenkam, zum anderen hätte das mit dem Totalschaden auch mit Personenschäden einhergehen können.

Dann der Gedanke an meine eigene Sicherheit, an meine Familie, an meine Kinder, die ich nicht zu Waisen machen wollte...

Wie gesagt, mein Umdenken begann da erst, es sollte noch so einiges passieren...

Einige Monate später, war ich mal wieder länger auf der A44 Richtung Kassel unterwegs, eine gut ausgebaute zweispurige Autobahn.

Wiedermal hatte ich einiges an Büroarbeit abzuarbeiten, während der Fahrt.

Damals dachte ich noch, wenn ich während der Fahrt telefonierte, Kundentermine machte und Angebote verfolgte, würde ich mein Arbeitspensum besser schaffen und erfolgreicher sein.

Heute weiß ich, dass das totaler Blödsinn ist und nichts bringt. Und zusätzlich ist es super gefährlich.

Wenn ich durch einen Unfalltod auf der Straße sterbe, nutze ich meiner Firma gar nichts mehr und von meiner Familie ganz zu schweigen...

Also, ich fuhr da so auf der A44. Völlig im Arbeitswahn, griff ich nach rechts auf den Beifahrersitz (dort hatte ich in einer Kunststoffbox meine Arbeitsunterlagen abgelegt) um eine Telefonnummer abzulesen.

Bei solchen „Arbeiten im Auto" fuhr ich normalerweise immer rechts (immerhin) und klemmte mich hinter einen LKW, der mit 90 km/h fuhr, da fühlte ich mich sicherer...

Da ich allerdings gerade auf der linken Spur mit ca. 140 km/h unterwegs war, setzte ich den Blinker und wollte nach rechts die Fahrspur wechseln...

Im letzten Moment sah ich im Augenwinkel, dass neben mir ein anderer PKW fuhr.

Ich riss das Lenkrad zurück, um eine Kollision zu vermeiden. Natürlich übersteuerte ich, riss das Lenkrad wieder zur anderen Seite, um nicht die Mittelleitplanke zu touchieren.

So ging das mit immer kleineren Lenkradausschlägen, bis ich mich und mein

Auto wieder gefangen und unter Kontrolle hatte.

Mein Herz schlug mir bis zum Hals! Ich zitterte am ganzen Körper und bekam kaum noch Luft!
Mir ging nur eins durch den Kopf...Du hättest sterben können...Du hättest sterben können...

Ich fuhr dann erstmal zum nächsten Parkplatz zum Durchatmen. Was tust Du hier? Wofür? Was ist der Sinn? Meine Gedanken hatten Kirmes...

Seit diesem Tag war zumindest diese "Nebentätigkeit" beim Fahren vorbei.

Ich überlegte nun, was kann ich noch machen im Auto und was geht nicht mehr.

Auch dann machte ich immer noch viel zu viel nebenbei. Aber es war ein Schritt in die richtige Richtung.

Mit Verkehrsinseln habe ich auch so meine Erfahrung gemacht. Die tauchen einfach so auf....
Es war früh morgens im November, es regnete (Du merkst, ich suche Ausreden) und es war

irgendwo in Wuppertal. Wenn ich genau
wüsste wo, würde ich Dich warnen.

Gerade von der Autobahn abgefahren, war ich
auf dem Weg zum ersten Kunden, in
Gedanken und vielleicht auch nicht ganz
hellwach.

Die Straßenführung machte eine Kuhle. Als
ich wieder herausfuhr aus dieser Kuhle,
knallte es plötzlich laut auf der linken Seite.

Ich wusste nicht was passiert war, merkte nur
sofort, da war irgendwas im Weg. Der linke
Vorderreifen war platt und eierte...ans Fahren
war nicht mehr zu denken.

Ich dachte in dem Moment nicht an das Auto.
Ich dachte nur daran, ob ich evtl. einen
Menschen angefahren haben könnte...

Ich eierte an den Straßenrand, schaltete die
Warnblinkanlage an und stieg aus.
Liegt da evtl. jemand auf der Straße, oder was
war los?
Erleichtert stelle ich fest, es war nur eine
Verkehrsinsel mit einem hohen Bordstein und
einem Schild, rund blau, weißer Pfeil nach
rechts unten.

Zeichen 222[2]
„Rechts vorbei"

Das Schild und die ganze Verkehrsinsel hatte
ich wohl komplett übersehen.

Neben dem Ärger über mich selbst, den
Gedanken daran was das alles an Zeit und
Aufwand kostet, bis das Auto wieder fährt,
dachte ich auch an das Brett der Schande.
Zum Glück war es ja nur ein weiterer
Blechschaden.

Kurz überlegte ich, wie doof doch der
Verkehrsplaner gewesen sein muss, an diese
Stelle, direkt nach der Kuhle, nicht einsehbar,
direkt auf der Kuppe, so eine Verkehrsinsel
hinzupflanzen.

---

[2] (StVO, Anlage 2, Abschnitt 3, lfd.Nr. 10, § 41 Absatz 1 kein Datum)

Wozu braucht man diese Inseln überhaupt?

Hier die Antworten:

Verkehrsinseln dienen vorwiegend:

- zur Trennung der gegenläufigen Verkehrsströme an Gefahrenstellen wie Einmündungen oder Knotenpunkten.

- der leichteren Überquerung der Straße. Diese Querungsanlagen (Sprunginseln) sind dabei meist bei Fußgängerübergängen angebracht und teilen die Fahrbahn. Verkehrsinseln ermöglichen dadurch Fußgängern ein Anhalten; sie können die Fahrbahn „in zwei Etappen" überqueren.

- bei Ortseinfahrten zur Geschwindigkeitsreduktion. Dabei wird meist der, in den Ort führende Fahrstreifen etwas versetzt.

- als Haltestelleninsel mit der Funktion eines Bahnsteigs der Straßenbahn oder Bussteigs, um ein gefahrloses, teilweise auch höhengleiches Ein- und Aussteigen zu ermöglichen.

Natürlich gibt es auch für Verkehrsinseln eine Richtlinie:

Die „Richtlinien für die Anlage von Knotenpunkten" (RAS-K) unterscheiden zwischen folgenden Inselformen:

- Fahrbahnteiler außerorts (große und kleine Tropfeninsel)

- Fahrbahnteiler innerorts

- Dreiecksinsel

Im Nachhinein betrachtet, fällt „meine" besondere Verkehrsinsel wohl unter den Punkt „Gefahrenstelle" wegen der Kuppe.

Trotzdem für mich eine ärgerliche Sache.
Es half alles nichts, die Vorderachse war gebrochen, Felge kaputt, Teillackierung, Werkstatt, Leihwagen, usw.
Ein Schaden von ca. 6000 € und natürlich das Brett der Schande, was viel schlimmer war...

Irgendwann folgte dann der zweite Totalschaden.

Es war auf der Autobahn im Raum
Mönchengladbach. Mal wieder Stau, was ja in
NRW nichts Außergewöhnliches ist.
Ich fuhr an das Stauende heran,
Warnblinkanlage an und dann stand ich.

Plötzlich knallte es und plötzlich war Stille.

Ein Moment, ich weiß nicht wieviel Zeit
vergangen war, wusste ich nicht wo ich war
und was passiert war. Filmriss, aber ich war
am Leben, das war schon mal gut. Schmerzen
fühlte ich gerade auch nicht.

Dann sah ich was um mich herum passiert
war. Ein Fahrer eines Audi A4 hatte das
Stauende übersehen und war voll auf das
hinter mir stehende Fahrzeug aufgefahren. Ein
anders Fahrzeug hing in der Mittelleitplanke
fest und ich bin auf das vor mir stehende Auto
geschoben worden.
Irgendwann, nachdem ich also feststellte, dass
ich noch lebe, stieg ich aus. Auch mal was
Neues auf der Autobahn...

Schnell versammelten sich die Beteiligten und
woher auch immer war die Polizei schon da.

Jetzt erst merkte ich, die Verletzung an meiner Hand (Schnittwunde durch umherfliegendes Glas) und meine Halswirbel schmerzten.

Eine andere Frau blutete etwas stärker, allerdings schien niemand wirklich schwer verletzt zu sein.

Ich kann auch nicht einschätzen mit welcher Aufprallgeschwindigkeit der Unfall passiert war. Mir hat der Knall in jedem Fall den Tag versaut.

Jetzt könntest Du sagen: „Na diesmal hattest Du ja keine Schuld". Das habe ich mir auch gesagt. Trotzdem denke ich noch heute daran, ob ich den Unfall hätte verhindern können.
Ich kann mich z.b. nicht mehr daran erinnern, ob ich vor dem Aufprall in den Rückspiegel gesehen hatte.
Hätte ich ihn kommen sehen, hätte ich dann noch zur Seite fahren können?
Hatte ich dazu überhaupt genug Abstand zum Vordermann gehalten?

Ich denke, ich hätte den Unfall nicht verhindern können, egal was ich gemacht hätte.

Heute allerdings, schaue ich am Stauende immer sofort in den Rückspiegel und halte mehr Abstand zum Vordermann, als früher. Auch den Polizisten am Unfallort werde ich nicht vergessen. Er brauchte für seinen Unfallbericht die Anzahl der Verletzten und stellte von sich aus fest, eine Verletzte, die Frau die blutete.

Bevor er seine Feststellung aufschreiben konnte, erhob ich Einspruch. „ICH BIN AUCH VERLETZT" rief ich.
Der Polizist fragte zurück: „Wo sind sie denn verletzt" Nach dem Motto stellen Sie sich doch nicht so an, so kam es zumindest bei mir an...

Ich antwortete trocken und etwas verärgert „Sind sie auch noch nebenbei Arzt, dass sie beurteilen können, ob ich verletzt bin oder nicht? Meine Halswirbel schmerzen, also bitte zwei Verletzte aufnehmen".

Ja ist doch wahr, als wenn der Unfall nicht blöd genug war, kommt mir nun auch noch ein Polizist so.

Sorry an alle Polizisten, vielleicht war ich in dieser Ausnahmesituation auch etwas empfindlich...

All diese geschilderten Erlebnisse und die vielen täglichen Gefahrensituationen, denen wir alle im Straßenverkehr ausgesetzt sind, haben mich ins Grübeln gebracht.

Ich bin ein Mensch der gern selbst die volle Kontrolle über alles hat. Im Straßenverkehr geht das allerdings nicht (vielleicht geht das auch in anderen Lebensbereichen nicht, aber ich rede mir das gern mal ein).

Wenn ich nicht die volle Kontrolle habe, was kann ich selbst tun, um mein persönliches Gefahrenpotenzial beim Autofahren zu minimieren???

Und da fiel mir die Straßenverkehrsordnung (StVO) wieder ein.

Ich fing an, mich einen Tag an die Straßenverkehrsordnung zu halten.

Geschwindigkeitsbeschränkungen beachten, auf meinen Abstand achten, einfach mal so zu fahren, wie ich es in der Fahrschule gelernt hatte.

Nach so vielen Jahren Autofahren, ohne viel nachzudenken, hörte sich das für mich erst mal sehr suspekt an. Was soll das?

Aber, als ich nach einem Tag feststellte, Mensch das hat doch ganz gut geklappt, habe ich es einfach eine Woche versucht, danach einen Monat, usw. Nun bin ich soweit, dass ich seit über einem Jahr vernünftig fahre. Nun ist das mein Normalzustand geworden.

Auch ich bin kein Engel und es kostet mich jedes Mal wieder Überwindung, dran zu denken, mich an die Verkehrsregeln zu halten und mich nicht anstecken zu lassen von dem Wahnsinn der Anderen.

Natürlich nervt es mich manchmal auch, wenn ein Drängler hinter mir so gar kein Verständnis dafür hat, dass ich gerade die Schilder beachte, aber das ist mir egal.

Wenn ich heute an die Rennfahrt auf der A1 zurückdenke, läuft es mir kalt den Rücken herunter. Wie konnte ich mich damals so provozieren lassen? Wie konnte ich mich und Andere damals so in Gefahr bringen?

Heute habe ich gelernt, mit solchen Provokationen entspannt umzugehen. Ich mache Platz, lasse den Anderen vor, und halte auch dichtes Auffahren aus, ohne auf die

Bremse zu treten, oder sonst wie zu provozieren...

Dabei helfen mir auch nützliche Apps auf meinem Handy, dazu später mehr.

Seit mehr als einem Jahr halte ich mich nun an die Geschwindigkeitsbeschränkungen, halte entsprechenden Abstand und nehme Rücksicht.

Ich beachte einfach ein paar Regeln, die ich mal in der Fahrschule gelernt habe. Und was soll ich sagen, es funktioniert. Es ist nicht immer einfach, aber es funktioniert!

Ich komme auch ans Ziel, jeden Tag und vor allen Dingen ich fühle mich wesentlich sicherer als früher...

Für mich hat sich diese Umstellung auf jeden Fall gelohnt!

Kapitel 3: Zahlen, Daten, Fakten

Warum ist mir das so wichtig, mehr Sicherheit im Straßenverkehr zu erzielen?

Ist es wirklich so schlimm? Passiert wirklich so viel?

Von mir ein klares Jaaaa!!!!

Die Zahlen, Daten und Fakten bestätigen meine vorhergehende Aussage und machen Dich evtl. etwas sensibler.

Deshalb ist es wirklich wichtig über mehr Sicherheit im Straßenverkehr zu sprechen.

Im Jahr 2018 starben in Deutschland 3 275 Menschen bei Unfällen im Straßenverkehr.
Das sind 3 % mehr als im Vorjahr 2017.
Die Zahl der Unfälle mit Personenschäden nahm 2018 gegenüber dem Vorjahr ebenfalls zu, und zwar um 2 % auf 308.721.

Die Zahl der Verkehrstoten auf den Straßen in Nordrhein-Westfalen ist 2018 gegenüber 2017 um 3,3 % gesunken auf 468, trotzdem noch zu viele.[3]

https://www.destatis.de/DE/Themen/Gesellschaft-Umwelt/Verkehrsunfaelle/Publikationen/Downloads-Verkehrsunfaelle/verkehrsunfaelle-jahr-2080700187004.html

Ich will hier wirklich nicht mit Statistiken langweilen, eine letzte noch zu den Unfallursachen:[4]

---

[3] (Statistschges Bundesamt, Fachserie 8, Reihe 7, 2018 2019)
[4] (Statistisches Bundesamt, Fehlverhalten der Fahrzeugführer bei Unfällen mit Personenschaden, 2015-2018 2020)

Fehlverhalten der Fahrzeugführer bei Unfällen mit Personenschaden

Fehlverhalten der Fahrzeugführer bei Unfällen mit Personenschaden

Ursachen	2015	2016	2017	2018
Insgesamt	366 448	369 242	360 736	368 559
darunter				
~ Alkoholeinfluss	12 660	12 875	12 873	13 447
~ Falsche Straßenbenutzung	24 763	25 187	24 203	25 526
~ Nicht angepasste Geschwindigkeit	47 024	47 023	45 058	42 146
~ Ungenügender Abstand	50 667	51 221	50 267	51 086
~ Fehler beim Überholen	13 445	13 504	13 163	13 853
~ Nichtbeachten der Vorfahrt	53 361	53 510	52 332	52 709
~ Fehler beim Abbiegen, Wenden, Rückwärtsfahren, Ein- und Anfahren	57 975	58 034	56 642	59 083
~ Falsches Verhalten gegenüber Fußgängern	16 629	16 477	15 877	16 032
Fehlverhalten je 1 000 beteiligte Fahrzeugführer				
Ursachen der Fahrzeugführer insgesamt	660	659	658	660
darunter				

Die Zahlen für die Gesamtursachen von Unfällen kann man natürlich auch noch auf einzelne Straßenbereiche ausweiten.

Bei Autobahnen sieht es so aus, dass erhöhte Geschwindigkeit und zu geringer Abstand die häufigsten Unfallursachen sind. Das bestätigt auch meine eigene Erfahrung.

Es wird einfach zu dicht aufgefahren und viel zu schnell gefahren zu; meist auf den Autobahnen.

Als mein Umdenken anfing, habe ich mir die aktuelle Unfallzahl des Jahres und die damit zusammenhängenden Toten auf ein großes DIN-A4-Blatt geschrieben. Dies habe ich nun immer im Auto mit dabei, denn ich möchte nicht zu den Toten oder Verletzten gehören.

Die andere Seite dieser Zahlen sind die wirtschaftlichen Schäden beziehungsweise Kosten, die durch Unfälle entstehen.

Arbeitsausfall durch Verletzungen, Kosten durch die Behandlung, usw.

Ich hoffe, dass Dich diese Zahlen ein wenig zum Nachdenken anregen, denn wir reden viel über Flugzeugabstürze, wenn mal eben 100 Menschen auf einmal sterben.

Das ist schlimm, auf jeden Fall.
Aber die 3.275 Toten Verkehrsteilnehmer in einem Jahr, da redet kaum jemand drüber.
Deswegen ist es wichtig, sich auch mal solche Zahlen vor Augen zu führen.

Kapitel 4: Die Psychologie beim Autofahren

Wichtig ist für mich als erstes die grundsätzliche Einstellung zum Autofahren, meine Motivation für jede einzelne Fahrt zu hinterfragen.

Ich fahre grundsätzlich gern Auto mit guter Laune.

Das wäre als Außendienstmitarbeiter auch irgendwie doof, wenn es anders wäre.
Aber auch privat fahre ich viel mit dem Auto, vielleicht zu viel.

Ich frage mich immer, habe ich eine Alternative zum Auto?
Gibt es vielleicht Möglichkeiten mit dem ÖPNV, Fahrrad oder zu Fuß ans Ziel zu kommen?

Beruflich sehe ich keine Alternative zum Auto, da ich täglich wechselnde Kunden in ganz NRW zu fest vereinbarten Zeiten besuche.

Privat überlege ich schon mal auf den Zug, oder auf das Rad umzusteigen. Zu oft siegt aber auch bei mir die Bequemlichkeit, die ein Auto vor der Tür bietet, einsteigen-losfahren.

Ich gebe auch offen zu, da ich einen Firmenwagen habe und den Sprit auch für private Fahrten der Arbeitgeber bezahlt, beeinflusst das natürlich auch manchmal meine Entscheidung.

Was ich sagen will ist, ich entscheide mich bewusst für das Auto und gehe mit positiver Grundeinstellung an den Start.

Wie ist es bei Dir? Welche Grundeinstellung hast Du zum Autofahren? Hast Du Alternativen?

Bist Du ein Pendler, der jeden Tag zur Arbeit bis zu 100 km (ein Weg) fährt?
Wenn Dich das nervt, kann ich verstehen, könntest Du etwas ändern?
Arbeitsplatz wechseln oder umziehen?

Einfacher gesagt als getan?

Wenn Du beides nicht ändern willst (super Job und super Haus/Wohnung), ist das ja positiv und dann hast Du ja schon Deine Motivation für die tägliche Pendelfahrt.
Dann kannst Du auch mit einer positiven Grundeinstellung ins Auto steigen, oder?

Oft beobachte ich das Gegenteil:

Es wird sich über alles und jeden schnell aufgeregt (nicht umsonst habe ich das Coverbild so gewählt).

Wenn Du ehrlich bist, entsteht der Stress und die Aufregung oft durch falsches Zeitmanagement.

Ich habe z.B. eine Durchschnittsgeschwindigkeit von ca. 60 km pro Stunde (bei einer Strecke mit 80% Autobahn und 20% Stadt). Wenn ich von zu Hause nach Dortmund fahre (15 km, 100% Stadt) plane ich mind. 30 min ein.

Ich weiß auch, dass man nicht alles planen kann, aber oft hilft es im Vorfeld mit positiver Grundstimmung zu starten.

Probiere es doch einfach mal aus!

Und natürlich spielt auch Deine Persönlichkeit eine wichtige Rolle.

Es gibt nicht den typischen Autofahrer.

Auch Autofahrer bilden immer einen Schnitt durch die Gesellschaft und durch alle Schichten.

Vom Arbeitslosen bis hin zum Topmanager, Vielfahrer, Wenigfahrer, Frau, Mann, Jung, Alt, quer durch alle Bildungsschichten.

Ich bin jetzt kein Psychologe, aber manchmal glaube ich, wenn jemand ins Auto steigt und den Motor startet, verändert sich der Ein oder Andere, bewusst oder unbewusst.

Manche Verkehrsteilnehmer glauben die Straßen sind ein rechtsfreier Raum und im Auto genießen sie Immunität.

Da dieses Thema Psychologie echt interessant ist, versuche ich dies in diesem Kapitel, einmal genauer zu beleuchten.

Wie ist es bei mir persönlich? Da ich eben beruflich viel fahre und ständig unter Termindruck stehe, kenne ich diesen psychologischen Druck sehr gut.

Ich hatte eine feste Uhrzeit mit dem Kunden ausgemacht und wusste genau, der Kunde hat nur wenig Zeit, da auch er einen Folgetermin hatte.

Dann der unerwartete Stau auf der Autobahn...
war ich da endlich durch, versuchte ich früher auf der Landstraße oder im Stadtverkehr Zeit wieder aufzuholen.
Da fuhr ich schnell mal bei dunkelgelb über die Ampel, fuhr zu dicht auf oder hielt am Stoppschild nicht....
Bei mir brachte dies meinen Stresslevel bis an den Anschlag.
Jeder andere Verkehrsteilnehmer, der mich „aufhielt" nervte einfach nur.
Da fielen auch schon mal Wörter wie Idiot, Penner, Anfänger, Arschloch, usw. Natürlich waren es immer die Anderen, die kein Autofahren konnten.

Heute helfen mir in solchen Situationen ein paar Gedanken:

1. ...verdeutliche ich mir, dass der andere Autofahrer ja nichts dafürkann, dass ich zu spät dran bin.

2. ...frage ich mich, wenn ich jetzt zu spät komme, welche Bedeutung hat das für mich, für ein Leben in zwei Wochen, zwei Monaten, zwei Jahren.

Meistens hat es nämlich keine Bedeutung, klar ärgerlich in dieser Situation, aber am nächsten Tag ist es bereits vergessen.

3. ...denke ich an meine Gesundheit. Stress ist nicht gesund, also runterfahren, tief durchatmen, cool down.

4. ...wenn jetzt ein Unfall passiert, dann platzt der Termin in jedem Fall und es kommt noch mehr Ärger und zusätzlicher Stress dazu.

Da ich mein Zeitmanagement weitgehend selbst bestimme, versuche ich hier mit etwas Pufferzeit zu planen.
Klar klappt das nicht immer, aber es hilft das ein oder andere Mal, Zeitdruck zu vermeiden.

Wenn es dann trotzdem mal später wird, informiere ich den Kunden, der meistens dafür Verständnis zeigt.
Klar gibt es auch hier Kunden, die dann den Termin platzen lassen, aber dann ist es ebenso.

Dann vereinbaren wir halt einen neuen Termin, fertig.

Die Sprüche: „Dann müssen Sie halt eher losfahren", ignoriere ich einfach, man kann nicht immer alles vorhersehen.

Zu dem Thema Psychologie in Straßenverkehr gibt es einige Studien und Expertenberichte. Hier ein paar Auszüge und interessante Erkenntnisse daraus:

„Aus psychologischer Perspektive ist Auto fahren harte Arbeit", sagt Martin Baumann, Professor für Human Factors an der Uni Ulm.[5]

Gemeinsam mit Ingenieuren und Informatikern arbeitet der Psychologe an Assistenzsystemen, die den Fahrer entlasten, aber nicht ermüden.

---

[5] (Zitat Prof. Dr. Martin Baumann, Universität Ulm, Pressemitteilung Nr. 77/2014 2014)

49

https://idw-online.de/de/news595093

Geht es auf deutschen Straßen immer aggressiver zu?

„Das lässt sich objektiv auch nur schwer messen", sagt Ulrich Chiellino, Verkehrspsychologe beim ADAC, weiter führt er aus „ Auf jeden Fall haben aber die Klagen über aggressives Verhalten zugenommen".[6]

Klar ist das schwer zu messen, da dies ja jeder Autofahrer anders empfindet. Manche fühlen sich durch Anhupen oder zu dichtes Auffahren provoziert, andere merken das gar nicht.

---

[6] (Zitat Ulrich Chiellino, Artikel in der Main-Post v. 27.06.2016 v. Angela Stoll "Wenn das Auto zur Waffe wird" 2016)

Und selten wird halt jemand wegen Nötigung oder Beleidigung angezeigt.

So gaben bei einer ADAC-Motorwelt-Umfrage fast alle Befragten an, mindestens einmal Opfer aggressiven Verhaltens geworden zu sein. Allein 80 Prozent fühlten sich schon einmal von Dränglern provoziert. Und jeder fünfte Befragte war überzeugt, dass Aggressionen im Straßenverkehr in den vergangenen fünf Jahren zugenommen hätten.[7]

https://www.presseportal.de/pm/7849/2316633

---

[7] (Presseportal news aktuell GmbH vom 31.08.2012 "Aggression im Straßenverkehr" 2012)

Ich könnte hier noch viele Experten zitieren, die vom Aussehen des Fahrzeuges von sportlich bis niedlich, der Farbe, Frau oder Mann, usw. das ein oder andere Verhalten ableiten können. Alles sicherlich interessant und richtig.

Aus meiner Sicht sind noch zwei Aspekte wichtig.

Zum einen:

Was hat der Fahrer vor der Fahrt erlebt? Was oder wer hat ihn vielleicht geärgert?
Man soll ja nach einem Streit oder nach großer Aufregung am besten kein Auto fahren.

Denn dann, ist die Frustrationstoleranzgrenze schnell erreicht. Er oder sie flippt aus und regt sich über Sachen auf, die an anderen Tagen nicht gestört hätten...

Zum anderen:

Schaukeln sich Situationen im Straßenverkehr oft durch Reaktion und Gegenreaktion schnell unnötig hoch.

Mir fällt dabei ein Sprichwort ein.

So wie es in den Wald hineinschallt, so schallt es auch heraus.

Wenn ich als Autofahrer aggressiv agiere, erzeugt dies beim Anderen eine aggressive Gegenreaktion.
Es war bei mir nicht anders? Wenn mir jemand zu dicht auffuhr, dann ärgerte ich mich, wurde nervös, beschimpfte den Anderen und unter Umständen fuhr ich dann aber genau 50, oder vielleicht nur 48, um ihn noch mehr zu ärgern, nach dem Motto: „Dem zeig ich es jetzt...das hat er jetzt davon".
Der hinter mir fing dann an zu Hupen, reagierte also mit einer aggressiven Gegenreaktion, usw., usw....

Kennst Du das auch? Bescheuert, aber so tickt die Psyche des Menschen halt.

Durchbrechen kannst Du das nur, indem Du Dich nicht provozieren lässt und eben ruhig bleibst. Und eben keine aggressive Gegenaktion erwiderst, manchmal schwer, aber der bessere Weg.

Was ich auch ganz wichtig finde ist das Thema „Bedanken beim Anderen". Dafür, dass man reingelassen, vorgelassen oder sonst wie „gut behandelt" wurde.

Auch wenn das Verhalten selbstverständlich oder genauso in der StVO steht, bedanke ich mich trotzdem.
Der Dank bestätigt das richtige Verhalten des Anderen. Der Anderer freut sich, ist stolz auf sich und macht das beim nächsten Mal wieder. Alle sind zufrieden.

Da mir immer wieder bei anderen Autofahrern die gleichen Verhaltensmuster auffallen, habe ich eine persönliche Einteilung von Verkehrstypen vorgenommen. Diese sieht wie folgt aus:

Meine Verkehrstypen:

1. Der Terminator (Der Zerstörer)

Der Terminator zieht, wenn er auf eine Autobahn auffährt vom Beschleunigungsstreifen direkt auf die linke Spur über drei Fahrstreifen hinweg, ohne Rücksicht auf Verluste. Desweitern fährt er zu dicht auf und hält sich natürlich nicht an Geschwindigkeitsbeschränkungen. Er fährt immer zu schnell, ob in Baustellen, auf der Landstraße oder in der Stadt.

Er gefährdet ständig sich selbst und andere und sieht nur seinen eigenen Vorteil. Genau wie der Terminator hat er keine Gefühle und verfolgt nur ein Ziel — zerstören.

2. Der Rainman (Der Mittelspurfahrer)

Der Rainman merkt gar nicht, dass er etwas falsch macht. Er fährt auf der Mittelspur, obwohl der rechte Fahrsteifen frei ist. Auch wenn man ihn überholt und nach rechts fährt, bleibt er in der Mitte.
Er ist in seiner eigenen Welt — wie der Rainman halt.

3. Der Hulk (Der Aggressive)

Der Hulk zeichnet sich dadurch aus, dass er sich über alles und jeden aufregt. Er glaubt, dass er alles richtig macht. Die anderen sind alle zu blöd zum Autofahren. Meist gestikuliert er wild und schreit andere Verkehrsteilnehmer an, obwohl die ihn ja meist eh nicht hören.
Das ist ihm scheiß egal.
Und wenn er so richtig in Rage ist, kann es sein, dass er grün wird — wie Hulk eben.

4. Das Kind (Der Abgelenkte)

Das Kind ist ständig abgelenkt. Es fummelt ständig an irgendwas rum, am Handy, am Handschuhfach, an Bedienelementen oder an sich selbst (viele Autofahrer bohren in der Nase, da sie glauben es sieht ja keiner, ich schon...)
Es liest Zeitung und Mails, telefoniert mit Handy am Ohr und schreibt WhatsApp Nachrichten, alles natürlich beim Fahren.
Wie ein Kind, das nicht weiß was wirklich wichtig ist und sich nicht auf eine Sache konzentrieren kann.

5. Der Träumer

Der Träumer steht an einer Ampel, die auf Grün umspringt und fährt nicht oder zu spät (erst, wenn man ihn anhupt) los.
Des Weiteren fährt er mit 50 km/h weiter, obwohl 70 km/h erlaubt ist. Oder er fahrt bei erlaubten 50 km/h nur 46 km/h.
Im Idealfall hat er einen Aufkleber am Heck: „Bitte nicht Hupen, Fahrer träumt vom..."
Dann ist man wenigstens vorgewarnt.

6. Der Superheld (Der ideale Autofahrer)

Der Superheld hält sich tatsächlich an Verkehrsregeln. Er beachtet Geschwindigkeitsbeschränkungen, fährt vorausschauend und rechnet mit Fehlern anderer.

Er ist selten anzutreffen, der ideale Autofahrer, selten wie ein Superheld.

Meistens trifft man im Straßenverkehr auch Mischformen der oben genannten Typen an.

Und niemand kann von sich behaupten immer ein Superheld zu sein...

Sollte diese Typisierung dazu führen, dass uns allen bewusst wird, wer wir werden können, wenn wir ins Auto steigen, dann hat es sich schon gelohnt.

Kapitel 5: Fragen über Fragen

Seit ich anders und bewusster Auto fahre, beobachte ich viel mehr mich und andere Verkehrsteilnehmer.

Mir fällt auf, wie wahnsinnig manche Autofahrer sich verhalten und es wahrscheinlich selbst gar nicht merken.

Durch das bewusstere Autofahren, tauchen allerdings bei mir viele Fragen auf.

Wie verhalte ich mich richtig? Was steht in der StVO? Warum gibt es manche Regeln überhaupt?

All diese Fragen werde ich beantworten. Thema für Thema mit meinen Erfahrungen anreichern und mit Auszügen aus der StVO untermauern.

Vielleicht steigt damit das Verständnis für die ein oder andere Regel, und Du denkst über Dein eigenes Fahrverhalten mal kurz nach.

Oder es werden Fragen beantwortet die Du Dir auch schon mal gestellt hast.

Zur StVO bräuchte ich nicht viel zu sagen, wenn sich jeder den Paragraphen eins der Straßenverkehrsordnung einmal genauer ansehen würde.

StVO § 1 Grundregeln[8]

> *(1) Die Teilnahme am Straßenverkehr erfordert ständige Vorsicht und gegenseitige Rücksicht.*
>
> (2) *Wer am Verkehr teilnimmt, hat sich so zu verhalten, dass kein anderer geschädigt, gefährdet oder, mehr als nach den Umständen unvermeidbar, behindert oder belästigt wird.*

Es könnte doch so einfach sein, wenn man diese beiden Sätze immer beachten würde. Aber das wäre ja schon fast zu einfach...

Diese Sätze zu kennen und tatsächlich manchmal dran zu denken, hilft mir oft.

---

[8] (StVO, § 1 Grundregeln 2019)

Frage: Schneller fahren - schneller ankommen?

Früher war ich der Ansicht, wenn ich schnell fahre, komme ich auch schnell an.

Oftmals wird ja auch gesagt: „Drück aufs Gas und beeil Dich!"

Aus meiner Erfahrung heraus stimmt das nicht.

Jetzt kannst Du sagen, das ist ja nur subjektiv.

Aber ich habe genau das auch praktisch ausprobiert, als ich bei der Bundeswehr in Rheine stationiert war.

Von der Bundeswehrkaserne bis zu meiner Haustür waren es genau 102 km.

An einem Tag habe ich einfach mal ausprobiert wie das denn ist, wenn ich diese 102 km so schnell wie möglich fahre.

Dies bedeutete, dass ich ständig zu dicht aufgefahren bin.
Geschwindigkeitsbeschränkungen völlig

ignoriert habe und so schnell gefahren bin, wie es irgendwie ging.

Ich habe einfach nicht nachgedacht. Ich wollte es einfach mal wissen, wie schnell ich zuhause bin und hab einfach Gas gegeben.

Als ich dann zu Hause war, stellte ich fest, dass ich ganze 10 Minuten zur normalen Fahrzeit gespart hatte.

Diese 10 Minuten, die ich eher zu Hause war, haben dann einen Denkprozess bei mir angestoßen...

War es das wert? Für diese 10 Minuten mein eigenes und das Leben anderer mehrfach zu gefährden?

Ich weiß nicht, wie oft ich die Verkehrsregeln verletzt hatte, aber der Führerschein wäre mit Sicherheit für mehrere Monate weg gewesen.

Und dann diese psychische Belastung. Ich stand die ganze Zeit unter Strom und regte mich über jeden auf. Mein Stresslevel war am Anschlag.

Diese 10 Minuten rechtfertigen aus meiner heutigen Sicht dieses Risiko und den Stress nicht.

Deshalb ist es ein Irrglaube, dass man durch schnelles Fahren nennenswert Zeit aufholen könnte.

Ich bin ja wie gesagt im Außendienst. Hier lebe ich nach Terminen, die ich mit Kunden vereinbart habe.
Da warten Leute auf mich auf Baustellen oder in Büros, die auch wiederum andere Termine haben.

Hier geht es um beruflichen Erfolg und um einen guten Eindruck beim Kunden. Das ist mir alles bestens bekannt. Aber gerade in dem staureichsten Bundesland NRW hat jeder dafür Verständnis, wenn es mal später wird.

Ich plane sehr viel Pufferzeit im Straßenverkehr ein und habe eine gute Pünktlichkeitsrate, aber alles kann man eben nicht vorausplanen.

Dann telefoniere ich mit dem Kunden und teile ihm meine Verspätung mit.

Wenn der im Moment kein Verständnis dafür hat, und eben nicht warten kann, dann bricht die Welt auch nicht zusammen.

Mittlerweile haben wir alle Navis im Auto oder auf dem Handy, die uns relativ genau sagen, wann wir ankommen. So kannst Du durch eine gute Planung, vor der Fahrt, schon viele Sachen berücksichtigen.

Und wenn Du es eben nicht geschafft hast pünktlich ins Auto zu kommen, dann haben nicht die Anderen Schuld, sondern nur Du selbst.

Manchmal höre ich von meinen Kollegen im Innendienst, die in Mannheim vor ihrem Rechner sitzen und NRW nur aus der Ferne kennen:

"...ach, das schaffst Du doch viel schneller ..."

Die lade ich immer herzlich ein, einmal einen Tag mit mir mitzufahren.

Fahre ich mit genügend Pufferzeit und ohne Zeitdruck, merke ich, dass ich viel entspannter bin. Also, durch schnelles Fahren spart man keine Zeit.

Frage: Wie komme ich pünktlich ans Ziel?

Diese Frage ist für mich natürlich beruflich sehr wichtig. Ich vereinbare Termine mit Kunden und da möchte ich einfach pünktlich sein.

Aber auch privat lege ich Wert auf Pünktlichkeit.

Hierbei ist die richtige Planung eine Grundvoraussetzung.

Als Erstes bestimme ich die Entfernung zum Ziel z.B. die Gemeinde Weilerswist im Kreis Euskirchen.

Diese Gemeinde ist von meinem Wohnort 142 km entfernt.

Dann kenne ich meine Durchschnittsgeschwindigkeit (zeigt normalerweise das Auto in den gespeicherten Daten an).

Meine Durchschnittsgeschwindigkeit liegt bei 60 km/h.

Also teile ich 142 km durch 60 und komme so auf 2 Stunden.

Bleiben noch 22 km übrig. Dafür rechne ich 15 Minuten (Erfahrungswert) ein.

Jetzt kommt zu dieser reinen Fahrzeit noch ein regionaler Stau-bzw. Wetterzuschlag (oder beides) dazu.
Für Städte wie Essen, Wuppertal, Düsseldorf, Köln oder eben wie in meinem Fall Weilerswist (da muss ich an der Leverkusener Brücke vorbei) rechne ich einen Stauzuschlag von 15-60 Minuten ein.

In meinem Beispiel Leverkusener Brücke:
Zuschlag: 15 Minuten

Als letzten Zuschlag kommt bei mir bei Fahrten über 2 Stunden noch ein Pausenzuschlag für eine aktive Pause dazu.

Eine aktive Pause ist eine Pause, in der ich einige Dehnübungen für Rücken und Nacken mache.

Zusätzlich dienst diese Pause auch zur Vermeidung des Sekundenschlafes.

Zeitfaktor je aktive Pause: 15 Minuten.

Zusammengefasst bedeutet dies nun:

Reine Fahrzeit: 2 Std., 15 Minuten

Regionaler
Stau/Wetterzuschlag: 15 Minuten

1 x Aktive Pause: 15 Minuten

Somit komme ich auf eine Gesamtfahrzeit von
2 Std, 45 Minuten.

Habe ich meinen ersten Termin um 09:00 Uhr
vereinbart, muss ich um 06:15 Uhr losfahren.

Natürlich kann immer etwas Unerwartetes
dazwischenkommen, dann rufe ich halt an
und melde meine Verspätung.

In den meisten Fällen allerdings, hilft mir diese
Planung stressfrei und pünktlich ans Ziel zu
kommen.

Probiere es doch einfach mal selbst aus!

Frage: Schlüssel im Auto, Türen zu...was nun?

Du wirst Dich fragen, wie das denn geht?

Ich hab auch nie gedacht, dass das geht...

Mein Fahrzeug (BMW Zweier Active Tourer) war an einer Baustelle (Neubau eines Wohngebietes auf der grünen Wiese) abseits der Zivilisation in Euskirchen abgestellt.

Es regnete und die Baustelle war entsprechend verschlammt. Wie das halt so ist, wenn man gerade einen Abwasserkanal in 3 m Tiefe im Boden verlegt.
Die Bauarbeiter kamen aus dem 100 m entfernten Graben, über die verschlammte Wiese zu mir ans Auto.
Ich führte die techn. Beratung durch, natürlich in entsprechender Baustellenbekleidung (dicke Arbeitsjacke, Arbeitssicherheitsschuhe, usw.).

Den Autoschlüssel hatte ich ohne nachzudenken in die Jackentasche gesteckt.

Als die Beratung zu Ende war, verabschiedeten sich die Bauarbeiter wieder in ihre 100 m entfernte Baugrube und verschwanden im Graben...

Ich verstaute meine Baustellensachen in einer Box im Auto, wechselte in meinen Büroslipper (da ich danach noch einen Termin in einem Planungsbüro hatte), schloss die Heckklappe und das Auto blinkte zweimal...

Schlagartig war mir klar, hier stimmt was nicht!

Ich ging zur Fahrertür, riss den Türgriff fast ab, aber die Tür blieb verschlossen.

„Ach Du Scheiße, was ist denn jetzt los????", dachte ich.

Da stand ich nun, Auto zu, ich nur im Hemd mit Büroslippern an den Füßen und ohne Handy (das war natürlich im Auto, wo sonst...?)
Weit und breit kein anderes Haus (es war ja grüne Wiese) und auch von den Bauarbeitern war nichts zu sehen, die waren ja im Graben.

Die Baumaschinen waren so laut, dass auch mein Schreien nicht erhört wurde.
Super, was nun?

Also krempelte ich meine Jeans hoch und stampfte mit meinen Büroslippern durch die Matsche zu den Bauarbeitern.
Als die mich so sahen, erschraken diese erst, da ja keiner mehr mit mir gerechnet hatte, dann brach Gelächter aus...

Hah, Hah, Hah, mir war weniger zum Lachen, aber sollen die doch ihren Spaß haben...ich wollte nur ein Handy von denen.

Nachdem ich meiner Firma meine missliche Lage erklärt hatte (mal wieder eine Geschichte für das „Brett der Schande", aber egal), bekam ich die BMW- Hotline in München.

Nachdem ich mich dort identifiziert hatte und auch von zwei verschiedenen Mitarbeitern von BMW angerufen wurde (genauer möchte ich aus Sicherheitsgründen hier nun nicht darauf eingehen), sagte mir dann nach ca. 40 min. (mir war jetzt schon recht kalt geworden) der Mitarbeiter ich solle mich nun seitlich vor die Fahrertür stellen und abwarten.

Er würde jetzt auflegen, und dann würde sich die Tür entriegeln. Danach würde er sich wieder melden.

Ich fragte ihn, ob er mich verarschen, sorry ...auf den Arm nehmen will...wenn er jetzt auflegt, erfriere ich hier!

Er legte auf und ich kam mir echt verloren vor, einsam, auf der grünen Wiese, vor einem verschlossenen Auto im Nichts.
Es dauerte 30 Sekunden, die mir wie 30 min vor kamen...aber plötzlich machte es „Klack".
Im Affekt riss ich an der Tür, die sich tatsächlich öffnen ließ.

Ungläubig klappte ich die Rückbank um, um an meine Baustellenjacke zu kommen, wegen des Autoschlüssels.

Kaum hatte ich den erreicht, klingelte auch schon das Handy. Der BMW-Mann war dran und erkundigte sich, ob alles geklappt hatte.

Wie konnte das passieren?
Ich war beim Verstauen der Baustellenjacke an den Autoschlüssel in der Tasche gekommen und hatte damit das Auto abgeschlossen.

Da alle Neuwagen eine SIM Karte im Auto eingebaut haben (EU Vorgabe seit 01.04.2018, e-call nennt sich das...) konnte damit auch mein Auto auf der grünen Wiese geöffnet werden.

Das e-call System soll, wenn man nach einem Unfall nicht selbst Hilfe anfordern kann, automatsch einen Notruf absetzten.
Eine tolle Sache, wie ich finde, nebenbei hat man mich von der grünen Wiese gerettet...

Seit diesem Vorfall, habe ich immer meinen Autoschlüssel mit einem Schlüsselband um den Hals hängen.

Wenn Du mehr über dieses e-call System
wissen möchtest hier ein Link dazu:[9]

https://www.adac.de/rund-ums-
fahrzeug/unfall/tipps/ecall/

---

[9] (ADAC e.V. München, Bericht eCall: Elektronischer Schutzengel im
Auto v. 29.11.2019 2019)

Frage: Wer ist der beste Autofahrer Deutschlands?

Hast Du Dir diese Frage auch schon mal gestellt?

Du kannst es herausfinden.

AUTO BILD mit seinen Partnern, unter der Schirmherrschaft des Bundesverkehrsministers, sucht jedes Jahr (seit mehr als 30 Jahren) nach Deutschlands bestem Autofahrer.[10]

Eine, wie ich finde, coole Aktion.

Geprüft werden die Autofahrer in den Bereichen Theorie, CNG(Erdgasmobilität), Sicherheit und natürlich Fahrpraxis. Alles Dinge, die Deutschlands beste Autofahrer aus dem Effeff beherrschen sollten.

---

[10] (Axel Springer Auto Verlag GmbH, Hamburg, autobild. de, Aktion "Deutschlands bester Autofahrer" 2020)

Wie alles abläuft und wie Du selbst teilnehmen kannst, findest Du über diesen Link.[11]

https://www.autobild.de/specials/deutschlan ds-beste-autofahrer/

Viel Spaß, vielleicht sehen wir uns ja mal bei dieser Aktion...

[11] (Axel Springer Auto Verlag, Hamburg, autobild.de, Aktion Deutschlands beste Autofahrer 2020)

Frage: Warum gibt es so viel Müll am Straßenrand?

Hast Du das auch schon mal bemerkt, wie viel Müll am Straßenrand liegt.
Gerade an Rastplätzen und Auf- und Abfahrten von Autobahnen.
Was da aus den Autos rausgeworfen wird, finde ich unmöglich.

Ja, auch als Vielfahrer bin ich für Umweltschutz. Ich vermeide Plastikmüll und nehme beim Einkaufen von Obst im Supermarkt Baumwollnetze, um diese unnötigen Plastiktüten zu vermeiden, die zu Hause direkt im Müll landen.

Auch beim Einkaufen, habe ich generell wiederverwendbaren Taschen dabei.

Und deshalb, würde ich nie auf die Idee kommen, einfach Müll aus dem fahrenden Auto zu werfen.

Ich reg mich immer wieder über die Autofahrer auf, die ihre Zigarettenkippen einfach aus dem Fenster schnippen, überhaupt nicht cool sondern blöd!

Selbst verrottbare Essensreste wie Bananenschalen oder Apfelreste schmeißt man nicht aus dem Fenster.

Einmal fuhr ich so ca. 150 km/h auf der linken Spur der Autobahn und dachte an nichts Besonderes, als es plötzlich auf meiner Windschutzscheibe laut knallte.

Ich vermute, es war ein Pfirsichkern, den der Vordermann losgeworden war.

Im letzten Moment sah ich nämlich beim Vordermann den Arm des Beifahrers wieder im Auto verschwinden...

Ich hatte mich natürlich sehr erschrocken.
Zum Glück hatte ich meinen Wagen noch unter Kontrolle.
Das Ziel dieser Fahrt war an dem Tag dann die Carglas Werkstatt, zur Reparatur der Scheibe...
Die absolute Frechheit sind die Autofahrer, die ihren gesamten Aschenbecherinhalt an einer roten Ampel einfach neben dem Auto entleeren, Tür auf, Aschenbecher entleeren, Tür zu und weiter, das geht gar nicht!

Manche fühlen sich im Auto unantastbar.
Ich verachte solche Menschen, die sich einen Dreck um die Umweltfolgen kümmern.

Und den Autofahrern, die an einer Ampel stehen und eine Kippe aus dem Fenster werfen, müsste man diese Kippe gleich wieder in Auto zurückwerfen. Dann merken die vielleicht mal, dass man so etwas einfach nicht macht.

Frage: Was ist eine Beobachtungsfahrt?

Eine Beobachtungsfahrt oder auch Fahrverhaltensbeobachtung genannt wird meist im Rahmen einer MPU (Medizinisch-Psychologische Untersuchung) notwendig.

Hier prüft ein Fahrlehrer ob man in der Lage ist, ein Fahrzeug zu führen. Dies kann auch bei Krankheiten notwendig sein.

Allerdings kann jeder diese Beobachtungsfahrt in einer Fahrschule buchen. Autofahrer, die vielleicht eine längere Fahrpause eingelegt haben, z. B. die Witwe, wo immer der Mann gefahren ist und nun muss/will sie selbst wieder fahren.

Auch Menschen, die sich unsicher sind, ob sie den Anforderungen des Straßenverkehrs noch gewachsen sind, ganz freiwillig, ohne Druck.

Oder auch Menschen wie ich, die gerade ein Buch über den Straßenverkehr schreiben, und so eine Beobachtungsfahrstunde von ihrer Frau zum Geburtstag geschenkt bekommen haben.

Zum einem dachte meine Frau, es sei interessant für mein Buch und zum anderen kritisiert meine Frau regelmäßig meinen Fahrstil.
Ich fahre zu unkonzentriert, übersehe zu viel, usw., usw. Mit dem Geschenk wollte sie erreichen, dass mir der Fahrlehrer mal gehörig den „Kopf wäscht".

Wahrscheinlich kennst Du die Diskussionen mit Deinem Partner auch, oft fällt dann der Spruch:
„Dann fahr Du doch, wenn Du es besser kannst!"

Meine Frau und ich haben uns mal darauf geeinigt, wenn der Eine fährt, hält der Andere den Mund.
Einfache Regel an die wir uns immer wieder gegenseitig erinnern müssen...

Aber zurück zur Beobachtungsfahrt.

Die Stunde war bei mir nämlich gestern und dauerte 1,5 Stunden.
Es war Freitagnachmittag und so richtig voll auf den Straßen.
Wir fuhren durch die Stadt, über Land und auf der Autobahn, also alles dabei was das Autofahren ausmacht.

Der Fahrlehrer wusste ja, dass ich ein Buch schreibe, deshalb fachsimpelten wir über die ein oder andere Verkehrsregel.

Zum Beispiel erklärte er mir, wie wichtig der Seitenblick beim Fahrstreifenwechsel auf der Autobahn ist. Wegen des toten Winkels. Heutige moderne Außenspiegel sind asphärisch.

Asphärische Außenspiegel besitzen eine zweigeteilte, teilweise gebogene (konvexe) Spiegelfläche. Dadurch vergrößert sich die Sichtfläche des Rückspiegels. Die korrekte Einstellung der Seitenspiegel auf die Sitzposition des Fahrers verringert beim asphärischen Außenspiegel den toten Winkel fast vollständig.
Ich habe so einen sphärischen Außenspiegel, ist mir allerdings noch nicht so aufgefallen,

daher mache ich zur Sicherheit lieber den Seitenblick.

Den Seitenblick habe ich vor 32 Jahren in der Fahrschule nicht gelernt.

Damals habe ich nur gelernt, dass man keinen Schulterblick auf der Autobahn machen soll, da man ja dadurch zu viel vorne verpasst, aber der Seitenblick kam nicht vor.

Ich habe den Seitenblick von meinen Kindern gelernt. So doof wie sich das anhört, als die ihren Führerschein machten und dann mich, den Vielfahrer fragten: „Papa, machst Du keinen Seitenblick?"

Nachdem ich da kurz drüber nachgedacht hatte, halte ich das für sinnvoll und mache jetzt eben auch den Seitenblick.
Da bewahrheitet sich mal wieder das alte Sprichwort:

„Man kann alt und grau werden, aber man lernt immer noch dazu."

Die anderen Fragen, die ich ihm stellte (wann hat man schon mal einen Fahrlehrer neben sich sitzen) und seine Antworten, baue ich an passender Stelle im Buch ein.

Am Ende der Beobachtungsfahrt, hatte er an meiner Fahrweise nichts auszusetzen. Ich sollte meiner Frau bestellen, ich sei ein guter Autofahrer.

Das von einem Fahrlehrer zu hören, ist doch auch mal schön. Meine Frau schaute mich ungläubig an und fragte, ob ich ihm noch zusätzlich Geld zugesteckt hätte...Unverschämtheit!

Insgesamt hat mir diese Beobachtungsfahrstunde gut gefallen, Prädikat empfehlenswert.

Frage: Ist ein Fahrsicherheitstraining sinnvoll?

Natürlich musst Du diese Frage für Dich selbst beantworten.

Einige werden sagen: „Ich beherrsche mein Fahrzeug, so ein Training brauche ich nicht".

Oder routinierte Autofahrer sagen: "Das ist doch nur was für Fahranfänger."

Ich sage: „Übung macht den Meister. Denn in solchen Trainings werden Situationen geübt, die man im Alltag nicht trainieren kann."

Woher weiß ich das? Na klar, ich habe natürlich auch so ein Verkehrssicherheitstraining mitgemacht.

Allerdings erstmalig vor 4 Jahren, obwohl ich ja insgesamt schon 32 Jahre Auto fahre...

Also zähle ich mich mal zu den routinierten Autofahrern (bei 50.000- 60.000 KM / Jahr, kann ich das behaupten...)

Und mir hat das Training etwas gebracht.

Denn mit hoher Geschwindigkeit einem Hindernis ausweichen, oder eine richtige Vollbremsung übe ich im Alltag eher nicht.

Für meine erste Vollbremsung habe ich drei Versuche gebraucht. Erst beim dritten Versuch hatte ich wirklich eine Vollbremsung gemacht.

Wieso? Das verrate ich nicht, probiert es in so einem Kurs doch einfach selbst mal aus.

Ich habe das Glück, dass mein Arbeitgeber mir alle drei Jahre so ein Fahrsicherheitstraining (über die Berufsgenossenschaft) bezahlt, was bei mir eher durch Zufall herauskam.

Also den Arbeitgeber mal fragen, kostet ja nichts.

Und selbst, wenn man es nicht finanziert bekommt, kann sich das jeder leisten (Kosten zw. 100- 200 €) oder schenken lassen.

Das Angebot ist groß, da ist für jeden etwas dabei. Selbst der, der gar kein Auto hat, kann für Motorräder, Fahrräder und neuerdings auch für E- Scooter Sicherheitstrainings machen.

Da es leider keine verpflichtende Regelung in Deutschland gibt, kann ich Dich nur so dazu ermuntern, es einfach mal auszuprobieren.

Mir hat es nicht nur Spaß, sondern auch mehr Sicherheit gebracht.

Frage: Alkohol am Steuer, wie ist das mit der Promillegrenze?

Alkohol am Steuer, ein Kavaliersdelikt?

Wo kommt diese Aussage her?

Der Begriff Kavalier kommt ursprünglich aus dem lateinischen und bedeutet Pferdeknecht. In der Barockzeit bezeichnete man vornehme Männer mit ritterlichen Tugenden und höflichen Umgangsformen gegenüber Damen als Kavalier.
Anders als bei Gentleman schwingt beim Kavalier immer etwas vom Schmeichler und Schürzenjäger mit. Deshalb heißt es auch nicht Gentlemansdelikt, sondern Kavaliersdelikt.

Während der Gentleman also für Aufrichtigkeit Ehrlichkeit und Gerechtigkeit steht, nahm der Kavalier es nicht so genau mit seinen Missetaten.

Heute steht das Kavaliersdelikt für eine zwar unerlaubte strafbare Handlung, die allerdings von der Gesellschaft als weniger schlimm angesehen wird.

Zurück zum Alkohol. Wenn jemand im besoffenen Zustand einen Anderen totfährt, hat das für mich gar nichts mit einem Kavaliersdelikt zu tun...

Was mich sehr überrascht hat, ist die Tatsache, dass es eine Promillegrenze in Deutschland erst seit 1953 gibt.

Vor 1953 hat das anscheinend keinen interessiert, wie viel der Fahrer getrunken hatte...unvorstellbar aus heutiger Sicht.

1953 fing es also an mit der Promillegrenze. Die wurde damals auf (auch heute unvorstellbare) 1,5 Promille festgesetzt, bei dem Wert wäre ich tot, aber egal...
Ab 1966 senkte man dann auf 1,3, 1973 auf 0,8. Ab 2001 sind wir bei den heutigen 0,5 Promille für Autofahrer, die nicht in der Probezeit und älter als 21 Jahre alt sind, angekommen.

Allerdings musst Du auch schon ab 0,3 Promille mit Strafen rechnen, wenn Du Dich verkehrsgefährdend oder auffällig verhältst.

Den kannte ich auch noch nicht:

§ 24c StVG, Absatz 1:[12]

> *§ 24c Alkoholverbot für Fahranfänger und Fahranfängerinnen*
>
> > *(1) Ordnungswidrig handelt, wer in der Probezeit nach § 2a oder vor Vollendung des 21. Lebensjahres als Führer eines Kraftfahrzeugs im Straßenverkehr alkoholische Getränke zu sich nimmt oder die Fahrt antritt, obwohl er unter der Wirkung eines solchen Getränks steht.*

Alles was rechtlich gesehen als „Kraftfahrzeug" gilt, fällt unter die 0,5 Promillegrenze.

Das sind LKW, Auto, Motorrad, Mofa, Motorroller, und z.B. auch die neuen E-Scooter, die immer beliebter werden.

Bei den Busfahrern (egal ob ÖPNV, Fern- oder Reisebusse) und bei Taxifahrern gilt die 0,0 Promillegrenze.

Macht ja auch Sinn. Die, die andere Personen befördern (also die einen

---

[12] (StVG Straßenverkehrsgesetz, § 24c, Satz 1, Alkoholverbot für Fahranfänger und Fahranfängerinnen 2020)

Personenbeförderungsschein haben), haben natürlich eine besondere Verantwortung und deshalb kein Alkohol.

Bei Fahrradfahrern ist aktuell die Promillegrenze bei 1,6. Das halte ich auch für zu hoch. Wenn ich so einen besoffenen Fahrradfahrer mit z.B. 1,4 Promille totfahre, weil der mir spontan vors Auto fährt, werde ich auch meines Lebens nicht mehr froh...

Diese 1,6 Promillegrenze gilt auch für E-Bikes, solange die nicht schneller als 25 km/h fahren, sonst sind es wiederum rechtlich gesehen Fahrzeuge (0,5 Promille). Hier soll sich auch etwas bewegen. Es kommt wohl die 1,1 Promillegrenze bei Radfahrern.

Ich bin sowieso für die 0,0 Promillegrenze zumindest bei allen „Fahrzeugen".

Don´t Drink and Drive, ist meine Devise.

Denn die Diskussion auf einer Feier, wie viel denn der Fahrer wohl trinken kann nach dem Motto: „Ja, ich hab ja gut gegessen, ein Bier oder Schnaps geht noch" find ich zum Kotzen. Ich setzte mich nie in ein Auto, wo der Fahrer „etwas" Alkohol getrunken hat, never ever, dafür lebe ich zu gerne...

Und es ist klar bewiesen, dass es auch schon unter 0,5 Promille Beeinträchtigungen gibt.

Schon ab 0,1 Promille geht es los. Du wirst kontaktfreudiger, enthemmter und schätzt jetzt schon Entfernungen falsch ein.

Bei 0,3 Promille vermindert sich zusätzlich deine Sehleistung, dein Reaktionsvermögen lässt nach und Du wirst risikobereiter.

Bei 0,5 Promille lässt die Sehleistung stärker nach, das Hören ist eingeschränkt und man ist schneller reizbar.

Deshalb werden ja auch ab 0,5 Promille die Strafen empfindlich; 500€ Geldstrafe, 1 Monat Fahrverbot, 2 Punkte.
Und das zu Recht. Alkohol und Autofahren passen halt nicht zusammen!

Detaillierte Infos dazu erhältst Du bei der Bundeszentrale für gesundheitliche Aufklärung in Köln. Die informieren mit einer guten Kampagne mit dem Namen „Alkohol? Kenn Dein Limit."[13]

Hier der Link dazu:

https://www.kenn-dein-limit.info/informier-dich.html

Leider sind im Jahr 2018 lt. Statistischen Bundesamt, Zeitreihen, 2018

244 Menschen bei sog. Alkoholunfällen getötet worden.

Also, wer nach Partys oder Discobesuch fährt und darauf sollte man sich vorher einigen...trinkt einfach **keinen** Alkohol, fertig!

---

[13] (Bundeszentrale für gesundheitliche Aufklärung (BZgA), Alkohol? Kenn dein Limit. 2020)

Zum Thema Restalkohol am nächsten Tag, ist es wichtig zu wissen, dass der Körper nur 0,1 Promille pro Stunde abbaut.

Auch hier solltest Du vorsichtig sein, wenn Du nach einem Besäufnis am nächsten Morgen Auto fahren willst.

Frage: Wo finde ich den Schalter für die Nebelschlussleuchte und wann mache ich diese an?

Ja, die Nebelschlussleuchte brauche ich relativ selten.

Deshalb muss ich auch immer wieder überlegen, wo denn der Schalter ist.

Und wenn ich den Schalter dann gefunden habe, kommt die Frage, wann schalte ich ein?

Auch hier hilft ein Blick in die StVO:

§ 17 Beleuchtung (Auszug)[14]

(3) Behindert Nebel, Schneefall oder Regen die Sicht erheblich, dann ist auch am Tage mit Abblendlicht zu fahren. Nur bei solcher Witterung dürfen Nebelscheinwerfer eingeschaltet sein. Bei zwei Nebelscheinwerfern genügt statt des Abblendlichts die zusätzliche Benutzung der Begrenzungsleuchten. An Krafträdern ohne Beiwagen braucht nur der Nebelscheinwerfer benutzt zu werden. Nebelschlussleuchten dürfen nur dann benutzt werden, wenn durch Nebel die Sichtweite weniger als 50 m beträgt.

Und was ich auch nicht wusste ist, dass Du bei eingeschalteter Nebelschlussleuchte nicht schneller als 50 km/h fahren darfst, egal auf welcher Straße du unterwegs bist.

Tue es einfach! Zu Deiner eigenen Sicherheit!

Gerade gestern auf der A45 bei Meinerzhagen war mal wieder Nebel. Die Gegenfahrbahn war voll gesperrt, wegen eines Unfalles. Sechs Fahrzeuge waren verunfallt. Der Grund: Nebel und Glätte. Es musste noch nicht lange her gewesen sein, als ich auf der Gegenfahrbahn vorbeifuhr.
Die beschädigten Autos standen noch kreuz und quer auf den Fahrbahnen verteilt. Bei

---

[14] (StVO, § 17 Beleuchtung 2019)

einem Fahrzeug war das Dach aufgeschnitten worden und überall liefen Feuerwehr, Rettungsdienst und Polizei umher...

Da wurde mir echt ganz anders....

Hinterher hörte ich im Radio, dass wohl mehrere Insassen eingeklemmt waren und entsprechend rausgeschnitten werden mussten. Es gab auch Schwerverletzte.

Und wenn Du das mit den 50 km/h nicht glaubst, hier steht es:

§ 3 Geschwindigkeit[15]

(1) Wer ein Fahrzeug führt, darf nur so schnell fahren, dass das Fahrzeug ständig beherrscht wird. Die Geschwindigkeit ist insbesondere den Straßen-, Verkehrs-, Sicht- und Wetterverhältnissen sowie den persönlichen Fähigkeiten und den Eigenschaften von Fahrzeug und Ladung anzupassen. Beträgt die Sichtweite durch Nebel, Schneefall oder Regen weniger als 50 m, darf nicht schneller als 50km/h gefahren werden, wenn nicht eine geringere Geschwindigkeit geboten ist. Es darf nur so schnell gefahren werden, dass innerhalb der übersehbaren Strecke gehalten werden kann. Auf Fahrbahnen, die so

---

[15] (StVO, § 3 Geschwindigkeit 2019)

schmal sind, dass dort entgegenkommende Fahrzeuge gefährdet werden könnten, muss jedoch so langsam gefahren werden, dass mindestens innerhalb der Hälfte der übersehbaren Strecke gehalten werden kann.

Ich weiß, den Paragraphen hatte ich schon mal erwähnt, allerdings mit einem anderen Schwerpunkt, doppelt hält besser...

Ach ja, irgendwann ist der Nebel weg, dann denk bitte dran, die Nebelschlussleuchte auch wieder aus zu schalten. Sonst blendet diese Deinen Hintermann, danke.

Frage: Was ändert sich im Jahr 2020 in der StVO?

Grundsätzlich solltest Du Dich immer selbst auf dem aktuellen Stand halten, was Änderungen der StVO angeht. Denn Unwissenheit schützt vor Strafe nicht.

Die Medien helfen dabei, indem sie in der Regel über Änderungen informieren.

Auch das BMVI (Bundesministerium für Verkehr und digitale Infrastruktur) informiert auf seiner Homepage über Änderungen.

Der (noch) Bundesverkehrsminister Andreas Scheuer plant wohl für 2020 einige Änderungen der StVO.

Aktuell liegt ein Referentenentwurf (Gesetzesentwurf) vor:

Anbei einige Punkte (Auszug der Homepage v. BMVI), die aus meiner Sicht sicherheitsrelevanten Hintergrund haben:

- Das BMVI plant höhere, wirksame Geldbußen für das nunmehr unerlaubte Halten auf Schutzstreifen und in zweiter Reihe sowie für das verbotswidrige Parken auf Geh- und Radwegen

- Künftig kann das unerlaubte Nutzen einer Rettungsgasse genauso verfolgt und geahndet werden wie das Nichtbilden einer Rettungsgasse. Es drohen Bußgelder zwischen 200 und 320 Euro sowie ein Monat Fahrverbot. Zudem droht in Zukunft für diese Verstöße die Eintragung von zwei Punkten im Fahreignungsregister

Neu ist auch das Fahrverbot für einen einfachen Verstoß des Nichtbildens einer Rettungsgasse.

- Es wird ein Mindestüberholabstand von 1,5 m innerorts und von 2 m außerorts für das Überholen von zu Fuß Gehenden, Radfahrenden und Elektrokleinstfahrzeugführenden durch Kraftfahrzeuge festgeschrieben. Bisher schreibt die StVO lediglich einen „ausreichenden Seitenabstand" vor.

- Für rechtsabbiegende Kraftfahrzeuge über 3,5 t soll aus Gründen der Verkehrssicherheit innerorts Schrittgeschwindigkeit (7 bis 11 km/h) vorgeschrieben werden. Verstöße können künftig mit einem Bußgeld in Höhe von 70 Euro sanktioniert werden. Zudem wird ein Punkt im Fahreignungsregister eingetragen.

- Mit der StVO-Novelle wird die bestehende Grünpfeilregelung auch auf Radfahrer ausgedehnt, die aus einem Radfahrstreifen oder baulich angelegten Radweg heraus rechts abbiegen wollen. Außerdem wird ein gesonderter Grünpfeil eingeführt, der allein für Radfahrer gilt.

Verkehrszeichen Grünpfeil für Radfahrer:

- Schutzstreifen für den Radverkehr
  trennen den Rad- und den Autoverkehr
  mit einer gestrichelten weißen Linie
  (Zeichen 340 der StVO). Autos dürfen
  dort zwar nicht parken, aber bislang
  noch bis zu drei Minuten halten. Dies
  führt vielfach dazu, dass die
  Radfahrenden den Schutzstreifen nicht
  durchgängig nutzen können, weil ihnen

haltende Autos den Weg versperren.
Deshalb will das BMVI dort ein
generelles Halteverbot einführen.

- Das Parken vor Kreuzungen und
  Einmündungen soll in einem Abstand
  von bis zu je 8 m von den
  Schnittpunkten der Fahrbahnkanten
  oder bis zu je 5 m vom Beginn der
  Eckausrundung verboten werden, wenn
  ein straßenbegleitender baulicher
  Radweg vorhanden ist, der als
  benutzungspflichtig oder mit
  Radsinnbild gekennzeichnet ist.
  Hierdurch soll die Sicht zwischen Straße
  und Radweg verbessert und dadurch die
  Sicherheit von Radfahrenden erhöht
  werden

- Mit der Einführung eines neuen
  Verkehrszeichens sollen die zuständigen
  Straßenverkehrsbehörden in Zukunft ein
  Überholverbot von einspurigen
  Fahrzeugen (u. a. Fahrrädern) für
  mehrspurige Kraftfahrzeuge z.B. an
  Engstellen anordnen können.

Verkehrszeichen Verbot des Überholens von einspurigen Fahrzeugen für mehrspurige Kraftfahrzeuge und Krafträder mit Beiwagen:

Anbei der Link auf deren Homepage. Hier kannst Du sogar in den Referentenentwurf direkt reinschauen.[16]

https://www.bmvi.de/SharedDocs/DE/Artikel/StV/StVO-novelle.html

---

[16] (Bundesministerium für Verkehr und digitale Infrastruktur, Referentenentwurf zur StVO Novelle 2020)

Dieser Referentenentwurf ist im Bundestag bereits durch. Nun muss noch der Bundesrat zustimmen. Das BMVI hofft, dass dies schnell passiert.

Nun ist Februar 2020 und der Bundesrat hat zugestimmt. Jetzt kommt die letzte Hürde. Denn ein Gesetzt oder eine Verordnung ist erst rechtswirksam, wenn es im deutschen Bundesgesetzblatt (BGBl.) veröffentlich wird. Laut BMVI soll dies dann im April 2020 geschehen.
Und siehe da, es ist passiert!

Die Novelle wird am 27. April im Bundesgesetzblatt (Nr. 19) veröffentlicht und tritt damit am 28.April 2020, in Kraft.

Was bereits seit dem Sommer 2019 in den Medien diskutiert wurde, dass man mit Klasse B Führerschein (also mit dem normalen Autoführerschein) auch Motorräder bis 125 ccm Hubraum fahren darf, ist übrigens schon komplett durch alle Instanzen und gilt seit dem 31.12.2019.

Allerdings hat die Diskussion unter Experten dazu geführt, dass hier an den Regelungen nochmal nachjustiert wurde.

Ursprünglich war die Rede von „kurzen Fahrerschulungen", die ausreichen sollten, diese Motorräder im Straßenverkehr zu fahren.

Die jetzt verabschiedete, endgültige Regelung sieht wie folgt aus.

Um ein Kraftrad der Klasse A1 (125 ccm Hubraum) führen zu dürfen, müssen Interessierte

- seit mindestens fünf Jahren die Fahrerlaubnisklasse B besitzen,

- das Mindestalter von 25 Jahren erreicht haben

und
- eine theoretische und praktische Schulung im Umfang von mindestens 13,5 Zeitstunden (9 Unterrichtseinheiten zu 90 Minuten, 4 x Theorie u. 5 x Praxis) absolviert haben, deren erfolgreicher Abschluss von einer Fahrlehrerin/einem Fahrlehrer bestätigt wurde.

Die Berechtigung wird durch die Eintragung der Schlüsselzahl 196 im Führerschein dokumentiert.

Warum das Ganze?

Der Sinn dahinter ist, Menschen auch ohne Auto mobil zu halten und die Förderung der Elektromobilität.

Ich persönlich werde auch durch diese Regelung nicht zum Motorradfahrer, aber mit den 13,5 Pflichtstunden kann ich leben.

Hier kannst Du nochmal nachlesen:[17]

https://www.bmvi.de/SharedDocs/DE/Artikel/StV/Strassenverkehr/wir-erleichtern-den-Zugang-zum-Fuehrerschein-zum-a1.html

---

[17] (Bundesministerium für Verkehr und digitale Infrastruktur, Wir erleichtern den Zugang zum A1-Führerschein 2020)

Frage: Was ist die Aktion „Held der Straße"?

Die Aktion „Held der Straße" ist eine Initiative der Firma Goodyear und des Automobilclubs von Deutschland AvD, unterstützt vom Fernfahrermagazin TRUCKER.[18]

Begonnen hat diese Aktion im Jahre 2008 unter dem Namen Highway Hero (nach einem Vorbild aus der USA) bis 2011.
Ab dann eben unter dem Namen „Held der Straße" bis heute weitergeführt.

Die Aktion steht unter der Schirmherrschaft des Bundesministeriums für Verkehr und digitale Infrastruktur.

Ziel dieser Aktion ist es, Verkehrsteilnehmer zu sensibilisieren, in Notsituation aktiv zu handeln und verantwortungsvolles Verhalten im Straßenverkehr zu beweisen.

Deshalb rufen die Initiatoren dazu auf, mutige Helfer und Retter im Straßenverkehr zu

---

[18] (Goodyear Dunlop Tires Germany GmbH "Held der Straße Helfer mit Herz und Hand" 2020)

benennen und als "Held der Straße" zu nominieren.

Dabei ist es unerheblich, ob es sich um eine besonders lange Strecke des Abschleppens bei einem Fahrzeugschaden handelt, oder um eine spektakuläre Lebensrettung.

Entscheidend ist der selbstlose Einsatz für andere.

Monat für Monat wird ein Held der Straße benannt und am Ende des Jahres wird daraus ein Held der Straße des Jahres ausgewählt. Hier zum Beispiel der Held der Straße aus Januar 2019, Sascha Püster:

Sascha Püster war im Dezember 2018 mit seinem Lkw auf der A7 unterwegs, als sich ein Fahrzeug vor ihm überschlug.
Ohne Zögern reagierte der Ersthelfer und holte die verunfallten Menschen aus dem Wrack.

Für seinen durchdachten und mutigen Einsatz wurde Sascha Püster aus Bad Münder am Deister (Landkreis Hameln-Pyrmont) zum „Held der Straße" des Monats Januar 2019 gekürt.

Hier die Geschichte im Detail:

http://held-der-strasse.goodyear.de/index.php?page=hero1901

Über diesen Link gelangst Du natürlich auch auf die Startseite (unter Home).
Ich finde diese Aktion super, was normalerweise selbstverständlich ist, anderen zu helfen, machen eben doch nicht alle...

Erstmal hat man ja keine Zeit, dann kommt die Angst als Helfer etwas falsch zu machen und die Unsicherheit, wie man überhaupt richtig hilft, noch dazu...

Tipps gibt's genug, hier ein Link „Helfen -aber richtig:

http://held-der-strasse.goodyear.de/index.php?page=helfen

Hier ein wichtiger Auszug aus dem vorgenannten Link:

„Auch Selbstverständlichkeiten müssen immer wieder betont werden: Erste Hilfe bei Verletzten zu leisten, ist Bürgerpflicht. Wer bei Unglücksfällen – nicht nur Verkehrsunfällen – nicht die erforderliche und zumutbare Hilfe leistet, dem droht eine Freiheits- oder Geldstrafe (§323 Strafgesetzbuch)."

§ 323c Unterlassene Hilfeleistung; Behinderung von hilfeleistenden Personen[19]

---

[19] (StGB, Strafgesetzbuch, § 323c Unterlassene Hilfeleistung; Behinderung von hilfeleistenden Personen 2020)

(1) Wer bei Unglücksfällen oder gemeiner Gefahr oder Not nicht Hilfe leistet, obwohl dies erforderlich und ihm den Umständen nach zuzumuten, insbesondere ohne erhebliche eigene Gefahr und ohne Verletzung anderer wichtiger Pflichten möglich ist, wird mit Freiheitsstrafe bis zu einem Jahr oder mit Geldstrafe bestraft.

(2) Ebenso wird bestraft, wer in diesen Situationen eine Person behindert, die einem Dritten Hilfe leistet oder leisten will.

Mir persönlich geht es genauso mit der Unsicherheit. Deshalb mach ich alle paar Jahre (wahrscheinlich auch zu selten, aber ich tue wenigsten etwas) einen Erste-Hilfe-Kurs beim DRK.

Da ich mich an den letzten Kurs nur noch wage erinnern kann, habe ich mich gerade mal wieder angemeldet, das Geld ist gut investiert.

35 Euro bezahlt und einen Samstag von 09:00 bis 16:30 Uhr Zeit investiert.

Das hat sich echt gelohnt. Erstmal ändert sich immer etwas, wie jetzt aktuell wohl seit einem Jahr eine neue stabile Seitenlage angewendet wird.

Aber nicht nur das Wissen wird aufgefrischt, manchmal hat man auch einfach falsches Handeln im Kopf abgespeichert.

Ich könnte jetzt hier mehrerer Beispiele bringen, mache ich allerdings bewusst nicht, geh einfach selber mal hin, fertig.

Vor allen Dingen hat mir der Kurs Sicherheit gebracht. Jetzt weiß ich, zumindest für eine bestimmte Zeit, wie ich mich im Fall der Fälle verhalten muss. Damit tue ich vor Ort das Richtige und rette vielleicht sogar ein Menschenleben...

Und wenn ich wieder unsicher werde, mache ich halt einen erneuten Auffrischungskurs.

An dieser Stelle möchte ich auch auf die Aktivitäten des Deutschen Verkehrssicherheitsrats (DVR) hinweisen. [20]

---

[20] (DVR, Deutscher Verkehrssicherheitsrat, Bonn 2020)

Offiziell ist das ein Verein.

Der Verein hat über 200 Mitgliedsorganisationen. Dazu gehören die, für Verkehr zuständigen Ministerien von Bund und allen Bundesländern, die gesetzlichen Unfallversicherungsträger, Deutsche Verkehrswacht, Automobilclubs, Automobilhersteller, Versicherungen, der Allgemeine Deutsche Fahrradclub (ADFC) Personenbeförderungsunternehmen, Wirtschaftsverbände und Gewerkschaften, Kirchen und weitere Institutionen und Organisationen aus Deutschland.

Die Mitglieder leisten zur Finanzierung der Vereinsaufgaben Mitgliedsbeiträge und weitere Finanzbeiträge.

Seit 2007 dient die Strategie „Vision Zero. Keiner kommt um. Alle kommen an." als Grundlage seiner Verkehrssicherheitsarbeit.

Weiter interessante Informationen auf seiner Homepage unter:

https://www.dvr.de/dvr/kurzdarstellung/

Frage: Seit wann gibt es die StVO?

Die Straßenverkehrsordnung der Bundesrepublik Deutschland ist eine Rechtsverordnung, die Regeln für alle Teilnehmer am Straßenverkehr auf öffentlichen Straßen, Wegen und Plätzen festlegt.

Alles begann mit dem „Gesetz über den Verkehr mit Kraftfahrzeugen" vom 03.05.1909.

Damals nahm die Motorisierung zu.
Wer hätte gedacht, dass heute die Straßen
größtenteils verstopft sind. In diesem Gesetz
wurden Haftungsfragen bei Unfällen aber auch
erste Verhaltensregeln festgelegt.

Straßenverkehrs-Ordnung hieß das Ding dann
erstmalig ab 01.10.1934.

Und man glaubt es kaum, damals gab es
schon einen besonderen Paragraphen,
nämlich § 25 (aus dem Jahre 1934):

*„Jeder Teilnehmer am öffentlichen Verkehr hat
sich so zu verhalten, dass er keinen anderen
schädigt oder mehr als nach den Umständen
unvermeidbar behindert oder belästigt".*

Heute finden wir dies im §1 (Grundregeln) der
aktuellen StVO fast wortwörtlich wieder.

Frage: Was passiert mit den Bußgeldern der Verkehrssünder?

Zuerst einmal gibt es da ein Gesetz über Ordnungswidrigkeiten.

Dies ist ein Bundesgesetz und gibt den Verwaltungsbehörden des Bundes, der Länder und der Gemeinden die rechtliche Grundlage, Bußgelder zu verhängen und durchzusetzen.

In diesem Gesetz wird auch die Verwaltungsbehörde festgelegt, die sich mit den Bußgeldern befasst.

In Deutschland sind dies in der Regel die obersten Landesbehörden.

Einige Bundesländer haben eine zentrale Bußgeldstelle wie z. B. Rheinland-Pfalz, Bayern und Berlin. In anderen Ländern übernehmen das die Landkreise oder Städte z. B. in Schleswig-Holstein, Niedersachsen und Nordrhein-Westfalen.
Diese Behörden haben so einige Aufgaben:

- Bußgeldbescheid erstellen
- Polizei beauftragen weiter zu ermitteln wegen der Ordnungswidrigkeit

- Einsprüche bearbeiten
- Führerscheine „einsammeln" und wieder ausgeben
- Sichergestellte Fahrzeuge verwahren
- Zahlungseingang kontrollieren und verwalten

usw.

An diese Stellen bezahlen wir also unsere Bußgelder. Aber wer genau bekommt das Geld dann?

Das kommt darauf an, wer die Autofahrer blitzt.

Ist es der Kreis, z. B. über eine stationäre Anlage, also ein „Starenkasten".

Der umgangssprachliche Begriff „Starenkasten" kommt von der alten Bauform der Blitzgeräte, die halt so aussahen wie Nistkästen für Vögel.

Heutige moderne Blitzsäulen haben nichts mehr mit einem Vogelkasten gemein, blitzen in mehrere Richtungen und sind echte High-Tech Wunder.

Der neuste Schrei sind sogenannte Abschnittskontrollen (Section Control).

Hier wird über mehrere Kilometer an verschiedenen Punkten gemessen und eine Durchschnittsgeschwindigkeit errechnet.
Da bringt es dann nichts mehr, vor so einem Gerät zu bremsen und dann wieder Gas zu geben...

Blitzt der Kreis, bekommt der Kreis auch das Geld.
Blitzt die Polizei, hängt es von der Höhe der Strafe ab.
Bis 35 Euro Verwarngeld geht's (zumindest in NRW) an das Land, höhere Beträge gehen an den Kreis.
Dann gibt es ja auch noch das Ordnungsamt.

Die dürfen allerdings nur den ruhenden Verkehr, also die Falschparker kontrollieren.
Das Geld geht an die Stadt.

So kommen deutschlandweit rund 850 Millionen Euro (Zahl aus 2013 hier hätte ich gern aktuelle Zahlen, aber finde keine) Bußgelder zusammen.

Da ich kein Geld zu verschenken habe, ist dies noch ein Grund mehr, mich an die Verkehrsregeln zu halten.

Mir ging es zumindest bisher immer so.

Wenn ich geblitzt wurde, habe ich direkt überlegt, wie teuer das wohl wieder wird.

Und wenn es auch nur 10 oder 20 Euro waren, überlegte ich mir dann sofort, was ich mir dafür Schönes hätte kaufen oder machen können. Und wenn es nur ein Strauß Blumen für die Frau gewesen wäre, der hätte wenigstens Freude bereitet...

Frage: Wie verhalte ich mich als ertappter Verkehrssünder?

Erinnerst Du Dich an Deine Schulzeit?

Wenn Du da zu spät zum Unterricht der ersten Stunde gekommen bist und der Lehrer Dich gefragt hat warum?

Ich hab mir in solchen Situationen immer schon vorher eine möglichst originelle Ausrede ausgedacht.

Wahrscheinlich können Lehrer über diese Ausreden allein auch ein Buch schreiben.

So ist das auch bei Verkehrssündern. Kreative Ausreden gegenüber Polizisten oder schriftlich im Bußgeldbescheid sollen die Bußgelder abmildern...

Hier einige kreative Ausreden

- meine Schwiegermutter musste vom Supermarkt abgeholt werden und das im Winter, da musste es etwas schneller gehen, damit sie nicht friert...

- es hat so stark geregnet, da habe ich das 50 Schild nicht gesehen...

- ich hab mich doch nur an den fließenden Verkehr angepasst

- das vorausfahrende Fahrzeug bremste korrupt (abrupt) ab. Das konnte ich ja nicht ahnen...

- das ist wirklich das erste Mal...

- ich bin auf dem Weg ins Krankenhaus, meine Frau liegt in den Wehen

  Du wirst es nicht glauben, aber so war es bei mit tatsächlich mal.

Als meine erste Tochter Natalie geboren wurde, bin ich tatsächlich schneller unterwegs gewesen und so eine blöde Ampel wollte mich aufhalten...Es war dann wohl doch schon mehr rot als gelb...

Die Ausrede half übrigens nichts...ich musste trotzdem zahlen.

- ich hab das Handy nicht zum Telefonieren benutzt, sondern um mein Ohr zu wärmen

- ...das ist ein fremdes Auto, das fährt schneller als mein Eigenes.

- ich konnte nicht auf den Tacho gucken. Schließlich musste ich ja auf die Straße achten

- ...tut mir leid, ich war zu spät und zu blöd und blond bin ich auch noch.

Sicherlich kennst Du noch weitere schöne und schräge Ausreden, lustig aber es bringt leider nichts. Zahlen musst Du doch.

Die Empfehlung ist, bei einem Unfall oder Verkehrsdelikt besser zu schweigen. Denn eine unbedachte Aussage, kann Nachteile und rechtliche Folgen haben.

Angaben zum Verstoß musst Du nämlich vor Ort nicht machen.

Einmal war ich beruflich in Essen von einem Kundentermin zum nächsten unterwegs.
Ich war wohl noch in Gedanken und hatte den Tacho nicht im Blick und auch den Rückspiegel nicht...

Da fuhr nämlich ein Polizeimotorrad mit der Leuchtschrift „Bitte folgen", hinter mir.
Kurios war, dass ich tatsächlich im ersten Moment dachte, diese Leuchtschrift galt nicht mir, sondern dem hinter dem Polizeimotorrad fahrenden Fahrzeuges.

Als ich allerdings als einziges Fahrzeug abbog und das Polizeimotorrad mir folgte, dämmerte es mir so langsam...

Ich fuhr rechts ran, der Polizist stieg ab und sprach mich an. Irgendwie war die Situation so skurril, dass es schon wieder lustig war.
Ich glaube, das war dem Polizisten auch noch nicht so passiert.

Er fragte mich, ob ich ihn nicht bemerkt hätte und ich sei sehr zügig unterwegs gewesen.

Ich habe ihm die Situation so erklärt wie gerade beschrieben und zugegeben, dass ich nicht absichtlich, sondern eben in Gedanken nicht so auf den Tacho geachtet hatte.

Alles in einem sympathischen Tonfall und völlig unaufgeregt.
Ich hatte damit gerechnet, dass das alles nichts nützt, aber warum sollte ich verärgert oder aggressiv reagieren, der macht ja auch nur seinen Job.

Wir plauderten dann so zusammen, bis er mir mitteilte, er belasse es bei einer mündlichen Verwarnung und wünschte mir eine gute Fahrt.

Ich bedankte mich und wünschte ihm ebenfalls einen schönen Tag.
Und dann trennten sich unsere Wege...

Ich hab mich in diesem Fall nicht an die oben genannte Empfehlung des Schweigens gehalten, aber es war ja nicht so viel passiert, kein Unfall, keine Verletzten, kein schwerer Verstoß.

Letztendlich musst Du im Einzelfall
entscheiden, wie Du Dich verhältst.

Frage: Wie sieht es mit den Verkehrsregeln im Ausland aus?

Je nachdem in welchem Land Du mit dem
Auto unterwegs bist, glaubst Du manchmal
nicht, dass es dort überhaupt Verkehrsregeln
gibt.

Ich kann mich noch an die ersten Autourlaube
in Italien erinnern, wo man ständig von
Einheimischen überholt wurde. Allerdings
haben die vorher gehupt, was ja tatsächlich
auch in Deutschland erlaubt ist. Nur das
teilweise waghalsige Überholen ist ein anderes
Thema...

Jeder weiß, in England herrscht Linksverkehr.
Ich war noch nie mit dem Auto da, muss
allerdings sehr spannend sein...

Und so gelten im Ausland teilweise andere
Regeln als bei uns und es kann teuer werden.

Deshalb sollte sich jeder, der mit dem Auto im Ausland unterwegs ist, vorher informieren.

Da ich selbst dieses Jahr in den Niederlanden und dann in Österreich im Urlaub war, stelle ich für diese beiden Länder mal die Unterschiede genauer dar.

Beides sind ja beliebte Urlaubsziele für uns Deutsche.

Niederlande:

Im Land von Tulpen und Frikandelln geht es ziemlich entspannt zu – so auch auf den Straßen.

Die Verkehrsregeln in den Niederlanden sind übersichtlich und weisen keine Verordnungen auf, die besonders außergewöhnlich und sehr viel anders als die in Deutschland sind.
Aber während es hierzulande lediglich eine Richtgeschwindigkeit auf Autobahnen gibt, gilt in den Niederlanden ein offizielles Tempolimit.

Tempolimit auf Autobahnen: 100 bis 130 km/h

Man braucht in Holland keine Warnwesten, Verbandskasten und Warndreieck sind auch Pflicht.

Die Promille Grenze liegt bei 0,5 bei Fahranfängern bei 0,2. Allerdings sollte man eh nichts trinken, wenn man Auto fährt -Don't Drink and Drive!

Beim Parken in Holland kommt es auf die Farbe der Bordsteinkanten an:

Gelbe Markierungen: Parkverbot

Blaue Markierungen: Parken mit Parkscheibe erlaubt.

Schilder beachten ist immer ein guter Tipp.

Wenn keine anderen Schilder da sind, gilt rechts vor links. Busse haben beim Anfahren Vorfahrt. Innerhalb geschlossener Ortschaften ist max. 50 km/h erlaubt und außerhalb auf Landstraßen max. 80 km/h.

Hier nochmal eine Zusammenfassung und ein paar zusätzliche Einzelheiten:

- Parkverbot an gelben Bordsteinkanten
- In „blauen Zonen" Parken nur mit Parkscheibe erlaubt

- Verwendung von Spikesreifen ist verboten

- Straßenbahnen haben Vorrang

- Übernachten auf Straßen und Parkplätzen ist nicht erlaubt

- Auf Schnellstraßen mit grün markiertem Mittelstreifen, der von zwei durchgehenden oder unterbrochenen weißen Streifen eingefasst ist, dürfen Kfz bis 3,5 t und Motorräder 100 km/h, Gespanne 90 km/h und Kfz über 3,5 t 80 km/h fahren.

- Auf Straßen ohne Mittellinie soll nur max. 60 km/h gefahren werden.

- Fahrradfahrer müssen Streifen mit roter Markierung mit Fahrradsymbolen an den Straßenseiten verwenden

Mein letzter echter Erfahrungseinsatz ist gerade mal eine Woche her.

Zusammen mit meiner Frau haben ich den Brückenfreitag nach Christi Himmelfahrt (ist übrigens in Holland auch ein Feiertag) genutzt, um die Stadt Rotterdam kennen zu lernen.

Eine beeindruckende Stadt, die es sich echt lohnt mal zu besuchen, aber das ist ein anderes Thema.

Zurück zum Verkehr.

Direkt nach der Grenze entschleunigte mich das Tempolimit auf den Autobahnen. Es wirkt wirklich entspannend. Das verwunderliche ist, alle halten sich dran. Das kann allerdings auch an den deutlich höheren Verwarngeldern liegen.
Klar gibt es immer welche, die schneller fahren, aber auch die rasen dann nicht, wie bei uns, mit 180 km/h an Dir vorbei, sondern fahren gemäßigt schneller. Staus hatten wir keine...

Mit der Zeit wurde es allerdings für mich etwas langweilig und eintönig.
Auf einer dreispurigen Autobahn, wo nicht viel los war, tuckerten wir teilweise mit 100, max. mit 130 km/h lang und konnten uns gemütlich die Landschaft ansehen...

In Rotterdam war dann die Langeweile vorbei...
Hier musste ich mich dann tatsächlich wieder auf den Verkehr konzentrieren.

Im ersten Moment unübersichtliche, große Kreisverkehre und viele Fahrradfahrer.

Allerdings sind die Kreisverkehre am Borsigplatz in Dortmund oder in Hannover für Auswertige auch unübersichtlich.

Etwas verwirrend sind in Holland auch die Ampelschaltungen. Von Grün geht es über Gelb auf Rot, soweit normal.

Und dann wartet man bei Rot auf Gelb vergeblich...es wird direkt Grün, Gelb entfällt. Am Anfang etwas überraschend, aber man gewöhnt sich dran.

Was völlig anders geregelt ist, ist das Thema Fahrradfahrer.
Klar Holland das Land der Fietse.

Beeindruckend ist auch die Länge der Radwege in Holland im Vergleich zu Deutschland.
Deutschland ist flächenmäßig mehr als achtmal größer als Holland.

In Holland hat man rund 29000 km Radwege...na wieviel müssten das dann in Deutschland sein? Grob gerechnet 232000 km.

Tatsächlich sind es (Stand 2012) ca. 40000 km Radwege...

Vielleicht hat sich hier in den letzten Jahren etwas an der Zahl verbessert..., aber an die holländische Zahl kommen wir bei weitem nicht ran...

Aber nicht nur die Länge der Radwege ist unterschiedlich, sondern auch die Umsetzung.

In Rotterdam gibt es überall von der Straße getrennte Fahrradstraßen. Breit, eine Spur in jede Richtung, rot angestrichen und mit Ampeln.

Auf diesen Fahrradstraßen dürfen (müssen) auch Mofas (max. Geschwindigkeit 25 km/h) fahren. Diese Mofafahrer müssen übrigens keinen Helm tragen, was angesichts unserer deutschen Diskussion über eine Helmpflicht bei Fahrrädern, auf mich etwas befremdlich und unverständlich wirkt.

An Kreuzungen wird es dann spannend. Hier treffen Autofahrer, Fahrradfahrer, Mofafahrer, Motorradfahrer (mit Helmpflicht auf der Straße) und nicht zu vergessen die Fußgänger zusammen.

Ich habe an einer großen Kreuzung mal

10 min diese Szenerie beobachtet. Sehr beeindruckend das Gewusel und Durcheinander.

Ich habe immer auf einen Unfall oder auf wildes Gehupe gewartet, beides ist nicht passiert.

Alles lief, wie ferngesteuert, reibungslos. In Deutschland kann ich mir dies absolut nicht vorstellen...

Auf dem Rückweg dann wieder das „langweilige" Tempolimit auf den Autobahnen.

Ich gebe ehrlich zu, kurz vor der Grenze hab ich mich richtig gefreut wieder aufs Gaspedal drücken zu dürfen.

Auch wenn die Freude nur kurz währte, da mich dann wieder die erste Baustelle mit Stau in die deutsche Realität zurückholte.

Auf das Thema Tempolimit gehe ich ja an anderer Stelle im Buch noch genauer ein... Verkehrstechnisch bemerkenswert war auch noch der Besuch der Stadt Utrecht.

Auf deren Homepage hatte man Besuchern geraten, bei Anreise mit dem Auto, ein Park and Ride Parkhaus zu nutzen und dann mit der Straßenbahn ins Zentrum zu fahren.

Das Parkhaus hat mich echt begeistert, alles geräumig, gut gekennzeichnete Fußgängerbereiche, hell und es gab sogar saubere Toiletten...

Und das alles für eine Tagesgebühr von 5 Euro, in denen auch die Benutzung der Straßenbahn gleich mit drin war.

Bei so einem tollen Angebot gibt es nichts zu überlegen. Hier sollte sich Deutschland ein Beispiel nehmen. So bekommt man die Innenstädte auch wirkungsvoll autofrei.

Österreich:

In Österreich gibt es auch ein Tempolimit auf Autobahnen, max. 130 km/h.
Innerorts 50, auf Landstraßen 100 km/h.

Promillegrenze auch hier bei 0,5 bzw. bei Fahranfängern 0,1 Promille.

Eine Regel, die mir auch unbekannt gewesen ist:

In Österreich verliert der Vorfahrtsberechtigte die Vorfahrt, wenn er anhält.

Das bedeutet, wenn der Autofahrer der von rechts kommt (ohne Beschilderung) anhält, hat automatisch links Vorfahrt.

Ich kann mir jetzt nicht genau vorstellen wie häufig solche Situationen vorkommen, aber wissen sollte man es trotzdem.

Ach ja und auf den Autobahnen gilt eine Mautpflicht, also man braucht eine Vignette.

Ich überlege immer vorher, ob ich Autobahn fahren muss, oder ob ich eher mautfreie Bundesstraßen, die meist länger dauern, aber auch meist schöner zu fahren sind, benutze.

Entscheide ich mich für die Autobahn, kaufe ich mir vor Reiseantritt die Vignette, fertig.

Aufpassen sollte man in Österreich auch bei Kreisverkehren.
Grundsätzlich gilt bei Kreisverkehren rechts vor links. Also wer in den Kreisverkehr einfährt hat Vorfahrt.

Meistens heben allerdings Schilder diesen Rechtsvorrang wieder auf, aber eben nur meistens, also aufpassen!

Hier noch einige zusätzliche Verkehrsregeln:

- Kinder unter 12 Jahren müssen beim Radfahren einen Helm tragen

- Das Parken auf Fahrbahnen mit Gegenverkehr ist untersagt, wenn nicht mindestens zwei Fahrstreifen für den fließenden Verkehr frei bleiben (außer, mit Bodenmarkierungen wurden ausdrücklich Abstellplätze markiert)

- Im Parkverbot darf bis zu 10 min. gehalten werden

- Gelbe Zick-Zack-Linien bedeuten Parkverbot

- Parken in Kurzparkzonen (Achtung: nur Anfang und Ende werden mit Schild angezeigt) ist in den meisten Fällen gebührenpflichtig

- Überholverbot innerhalb 80 m vor/nach Bahnübergängen

- An Schulbussen darf nicht vorbeigefahren werden, wenn die Warnblinkanlage und die gelb-roten Warnleuchten eingeschaltet sind.

- Post- und Linienbussen ist bei An-und Abfahrt von Haltestellen Vorrang einzuräumen

- Höchstgeschwindigkeit beim Abschleppen (mit Seil oder Stange): 40 km/h

- Unfallmeldegebühr (sog. Blaulichtgebühr) von 36 €, wenn bei Unfall Polizei nur zur Beweissicherung gerufen wird, obwohl ein Austausch der Daten der Unfallbeteiligten möglich war und keine Personenverletzungen vorliegen

- Unerlaubtes Parken auf Privatgrund kann mit Besitzstörungsklage (verbunden mit hohen Gerichts- und Anwaltskosten) geahndet werden

- Fahrzeuge bis 3,5 t zGG, max. 1.800 kg Achsgewicht und mit typengeprüften Stahlgürtelreifen auf allen Rädern dürfen zwischen dem 15. November und dem ersten Montag nach Ostermontag Spikesreifen (immer auf allen Rädern!) nutzen. Ein genormter Spikesaufkleber am Heck ist Pflicht (bei OEAMTC erhältlich). Die Höchstgeschwindigkeit für Fahrzeuge mit Spikesreifen auf der

Landstraße beträgt 80 km/h, auf der Autobahn 100 km/h.

- PKW, Kombis und LKW bis 3,5 t zGG müssen bei winterlicher Witterung (insbesondere bei Schnee, Matsch oder Eis) mit Winterreifen oder mit Schneeketten an den Antriebsrädern ausgestattet sein, wenn sie in Betrieb genommen werden sollen. Bei Verstößen drohen 35,- Euro (Organstrafverfügung), bei Gefährdung im Rahmen eines Strafverfahrens sogar Strafen bis zu 5.000,- Euro! Die situative Winterreifenpflicht gilt vom 1. November bis zum 15. April jeden Jahres.

- Warnwestenpflicht: Mitführverpflichtung und Verwendungspflicht (bei Verstößen Organstrafverfügung von 14 EUR vor Ort, bei Anzeige bis zu 2.180 EUR Verwaltungsstrafe möglich!) im Fall einer Panne oder eines Unfalls außerorts sowie beim Verlassen des Fahrzeugs auf Autobahnen/Autostraßen (Motorradfahrer sind von der Pflicht ausgenommen)

- Am 1.1.2008 ist die Tagfahrlicht-Pflicht für mehrspurige Kfz wieder entfallen. Es

ist allerdings nicht verboten, tagsüber
mit Licht zu fahren.

- Vignetten, soweit erforderlich, dürfen
  nur auf der Windschutzscheibe
  aufgeklebt und nicht von
  Tönungsstreifen verdeckt werden. Bei
  Verstößen gegen diese Klebevorschrift
  droht Ersatzmaut in Höhe von 120 Euro.
  Wenn man nicht vor Ort bezahlt sogar
  eine Geldstrafe von min. 400 Euro.
  Fahrer ohne Vignette haben eine
  Geldstrafe zwischen 400 und 4.000 Euro
  zu erwarten

- Nicht aufgeklebte oder manipulierte
  Vignetten werden mit 240 Euro
  Ersatzmaut oder Strafe von min.
  400 Euro geahndet.

- Generelles Fahrverbot für
  Lastkraftwagen über 7,5 Tonnen auf
  dem jeweils ganz linken Fahrstreifen von
  drei- oder vierspurigen Autobahnen.

Das, mit dem Fahrverbot auf linken
Fahrstreifen für LKW find ich super, das sollte
es auch in Deutschland geben...

In Österreich ist ein wenig mehr als in Holland
zu beachten, deshalb sollte man sich die, für

einen persönlich relevanten Änderungen
einfach klarmachen, dann wird es auch ein
schöner Urlaub.

Bei meinem Urlaub in Tirol im schönen
Wipptal habe ich hin und zurück den
Fernpass benutzt, dauerte zwar etwas länger,
aber schöner und ohne Mautgebühren.

Allerdings gibt es da aktuell Änderungen in
Tirol. Man will wohl unterbinden, dass
PKW-Fahrer, die nach Italien fahren, von der
Autobahn abfahren und sich dann durch die
kleinen Dörfer schlängeln. Deshalb sind ab
diesem Samstag (23.06.19) einige
Ausweichstrecken gesperrt.

Ich habe im Wipptal in Steinach, das ist ja
direkt vor dem Brenner nach Italien, mit dem
Eigentümer eines Fahrradgeschäfts
gesprochen, der eine klare Meinung hatte.
Er hat nichts von denen die durch Steinach
rasen nur, um schnell nach Italien zu
kommen.

Angesichts der Situation auf der Bundesstraße
dort, die ich mit dem Fahrrad befahren
musste, kann ich dem nur zustimmen.
Leider gibt es im Wipptal noch keinen Radweg
(es soll wohl einer gebaut werden). Also muss
man als Radfahrer auf der viel befahrenen

Bundesstraße fahren, lebensgefährlich sage ich nur, echt ätzend.

Was mir in Österreich auch aufgefallen ist, sind die anderen Ortseingangsschilder. Die sind weiß mit einem kleinen blauen Rahmen. Ich finde, die sind irgendwie schlechter zu erkennen als unsere gelben Schilder.

Auch in Österreich gibt es unnötige oder verwirrende Verkehrszeichen. Leider konnte ich es nicht fotografieren.

Da stand eine Geschwindigkeitsbegrenzung 80, die mit einem Zusatzzeichen begrenzt war, nämlich auf die nächsten 2830 m, toll was?

Mit dem Rennrad bin ich dann auch mal über den Brenner gefahren.

Auf italienischer Seite (obwohl die Süd Tiroler sich nicht als Italiener bezeichnen...) gibt es einen toll ausgebauten Radweg, weg von der Straße, teilweise über kleine Nebenstraßen führend, den ich bis zur Stadt Sterzing gefahren bin.

Mein Vorhaben war es, mit dem Rennrad den Jaufenpass hochzufahren.
Vielleicht bist Du den Pass schon mal mit Auto, Motorrad oder auch mit dem Fahrrad

(obwohl die Radfahrer dort klar in der Minderheit waren) hochgefahren. Immerhin sind es 1070 Höhenmeter auf 16 km Länge.

Diese sportliche Herausforderung war das Eine. Sie allerdings unbeschadet zu überstehen, das Andere.

Hier wird gefahren wie „die wilde Sau"...meist schnelle Autos aller Marken liefern sich hier Rennen mit den noch schnelleren Motorrädern.

Die Überholmanöver, die ich da gesehen habe von Autofahren und Motorradfahren waren aus meiner Sicht haarsträubend und lebensgefährlich (vielleicht schätze ich das auch nur falsch ein, da ich kein Motorradfahrer bin). Die wenigen Radfahrer waren dabei nur lästig und überflüssig. So hab ich mich zumindest die ganze Zeit gefühlt.

Alles raste an mir vorbei und dann so eng, dass ich das Gefühl hatte, nur meinen Fuß auf dem Pedal um 90 Grad drehen zu müssen, um einem Auto eine Beule in die Tür zu treten. Ich hab es nicht getan, da ich Angst hatte dabei dann vom Rad zu fallen...

Einmal hatte mich ein LKW überholt, der sich da wohl verirrt hatte. Durch den Sog kam ich gewaltig ins Wanken.

Dann überholte mich ein Motorrad und die Dinger sind ja eh schon laut. Im Moment des Überholens knallte es so laut, dass ich vor Schreck fast vom Rad gefallen bin.

Es war wohl eine Fehlzündung. Und wie auch immer diese Fehlzündung technisch hervorgerufen wird (ich habe mir sagen lassen, dass man das wohl nicht kontrollieren kann), es war echt laut.

In dem Moment war ich echt sauer, da ich dachte, er hätte dies extra gemacht.

Tut mir leid, wenn ich diesen Motorradfahrer zu Unrecht beschimpft habe (hat er ja eh nicht gehört). Aber als Radfahrer ist man total gestresst durch diese Gesamtverkehrssituation, erschöpft von der körperlichen Anstrengung und dann noch so etwas.

Aber ich bin ja selber schuld, wirst Du sagen...warum fährt der Idiot auch da mit dem Rad rauf.

Ja, Du hast Recht, es war bekloppt.

Um das Thema abzuschließen, ich habe den Pass bezwungen (ohne abzusteigen) und mir auf 2094 m ein alkoholfreies Weißbier gegönnt...

Und so gibt es in vielen Ländern Abweichungen und Besonderheiten.

Hier ein paar Kuriositäten:

- in Dänemark ist es beispielsweise Plicht, vor Fahrtantritt unters Auto zu schauen, um zu prüfen, ob jemand drunter liegt... (kein Scherz)

- in norwegischen Autos darf kein Insasse rauchen...finde ich super!

- Führerschein Anfänger in Frankreich dürfen die ersten zwei Jahre nicht so schnell fahren, wie andere...

- In Griechenland gilt ein Rauchverbot im Auto, wenn Kinder bis 12 Jahre mitfahren.
  Dies sollte auch in Deutschland, am besten auf Kinder unter 18 Jahre, eingeführt werden.

Ich halte Autofahrer, die ihre oder fremde
Kinder im Auto zu qualmen (auch bei
offenem Fenster) für unverantwortlich -
das ist für mich Körperverletzung!

- In Kroatien ist die Mitnahme von Ersatz-
  Glühbirnen Pflicht.

- wer in der Schweiz zu schnell fährt
  muss hohe Geldbeträge zahlen, bei
  hohen Geschwindigkeiten droht sogar
  Knast.

- In Slowenien muss man generell bei
  Gelb schon an der Ampel anhalten.

Dies sind nur einige Beispiele. Diese
Auflistung ist nicht vollständig.

Es gilt, sich bei Auslandsreisen immer aktuell
schlau zu machen, welche Regeln da gerade
gelten, sonst wird es unangenehm und teuer.

Frage: Sind Blitzer-Apps erlaubt?

Der §23 Abs. 1 c der StVO regelt das für mich ganz klar.

§23 Sonstige Pflichten von Fahrzeugführenden (Auszug)[21]

(1c) Wer ein Fahrzeug führt, darf ein technisches Gerät nicht betreiben oder betriebsbereit mitführen, das dafür bestimmt ist, Verkehrsüberwachungsmaßnahmen anzuzeigen oder zu stören.
Das gilt insbesondere für Geräte zur Störung oder Anzeige von Geschwindigkeitsmessungen (Radarwarn-oder Laserstörgeräte).

Blitzer-Apps sind nicht erlaubt.

Man darf eine Blitzer-App zwar auf dem Handy installiert haben, aber diese eben nicht benutzen, ist zwar praxisfremd, aber so ist es halt.

---

[21] (StVO, § 23 Sonstige Pflichten von Fahrzeugführenden, Abs. 1c 2019)

Zusätzlich muss die Polizei ja auch erstmal nachweisen, dass so eine App benutzt wird, denn die Polizei darf nicht so ohne weiteres Dein Handy sicherstellen oder durchsuchen.

Aber auf das, was die Polizei wann im Detail darf, will ich hier nicht eingehen...

Die Benutzung ist verboten, fertig.

Ich sehe immer wieder Autos vor mir, die zu schnell fahren. Dann womöglich durch eine Blitzer App gewarnt werden und kurz vor dem Blitzgerät stark abbremsen, um danach wieder Vollgas zu geben.

Und dann sind da noch Fahrer/innen, die ganz vorsichtig sind und auf Nummer sichergehen wollen.

Die erkennen ein Blitzgerät, ob mit oder ohne App und bremsen sogar unter die zulässige Höchstgeschwindigkeit ab, damit sie auch auf keinen Fall geblitzt werden. Toll, das nervt echt...

Also, ob Du mit oder ohne Blitzer-App fährst, musst Du natürlich selbst entscheiden, verboten bleibt verboten.

Eine App, die mir viel hilft und auch legal ist, ist der Google Assistent.

Hier kann ich sprachgesteuert Google Maps starten, wenn ich eine weitere Navi-Alternative zum eingebauten Navi im Auto brauche oder ich kann sprachgesteuert Notizen erstellen.

Häufig fällt mir während der Fahrt etwas ein, an das ich später denken muss.

Früher habe ich einen Notizzettel genommen und meist während der Fahrt auf dem Lenkrad geschrieben, unglaublich aber wahr.

Meist war meine Schrift so unleserlich, dass ich später gar nicht mehr wusste, was ich da aufgeschrieben hatte.

Und dafür habe ich mich und andere auch noch gefährdet.
Heute aktiviere ich per Sprachbefehl „Ok, Google, die App und erstelle eine Notiz, die ich einfach einspreche.

Die App fragt mich dann, wann ich daran erinnert werden möchte und wandelt meinen gesprochenen Text in Schrift um, besser geht's nicht.

Zusätzlich kann ich WhatsApp Nachrichten vorlesen lassen oder selbst erstellen und versenden, Musik hören und vieles mehr.

Alles, ohne das Handy nur einmal in die Hand zu nehmen, alles per Sprachsteuerung, einfach perfekt!

Frage: Wie verhalte ich mich richtig in einer Spielstraße?

Ein **verkehrsberuhigter Bereich** – umgangssprachlich auch als „Spielstraße" bezeichnet – wird durch das Verkehrszeichen 325.1 angezeigt.

Zeichen 325.1[22]
„Beginn eines verkehrsberuhigten Bereichs"

---

[22] (StVO, Anlage 3, Abschnitt 4, lfd.Nr. 12, § 42 Absatz 2 2019)

Etwas versteckt und verschachtelt findet man es tatsächlich in der StVO, § 42 Richtzeichen, Absatz 2:

§ 42 Richtzeichen[23]

(1) Richtzeichen geben besondere Hinweise zur Erleichterung des Verkehrs. Sie können auch Ge- oder Verbote enthalten.
(2) Wer am Verkehr teilnimmt, hat die durch Richtzeichen nach Anlage 3 angeordneten Ge- oder Verbote zu befolgen.

---

[23] (StVO, § 42 Richtzeichen, Absatz 2 2019)

Ja, und in der Anlage 3 steht dann folgendes:

Abschnitt 4 Verkehrsberuhigter Bereich

| 1 2 | Zeichen 325.1  Beginn eines verkehrsberuhigten Bereichs | **Ge- oder Verbot**

 1. Wer ein Fahrzeug führt, muss mit Schrittgeschwindigkeit fahren.
 2. Wer ein Fahrzeug führt, darf den Fußgängerverkehr weder gefährden noch behindern; wenn nötig, muss gewartet werden.
 3. Wer zu Fuß geht, darf den Fahrverkehr nicht unnötig behindern.
 4. Wer ein Fahrzeug führt, darf außerhalb |

143

| | | der dafür gekennzeichnet en Flächen nicht parken, ausgenommen zum Ein- oder Aussteigen und zum Be- oder Entladen. |
| | | 5. Wer zu Fuß geht, darf die Straße in ihrer ganzen Breite benutzen; Kinderspiele sind überall erlaubt. |

Also, hier gilt als Autofahrer besondere Vorsicht. Hauptsächlich wegen der Kinder, denn „Kinderspiele sind überall erlaubt", also auch auf der Fahrbahn.

Hier gilt Schrittgeschwindigkeit. Aber was heißt das in km/h genau?

Hier erspar ich Dir die wissenschaftliche Definition einer Schrittgeschwindigkeit eines

Menschen, Körpergröße, Schrittlänge, alt, jung, Wind oder eben nicht, usw. spielen hier eine Rolle.

Kurz gesagt, es gibt keine in der StVO festgelegte Schrittgeschwindigkeit. Wie in solchen unklaren Fällen immer, entscheiden Gerichte was Sache ist. Die sind sich allerding auch nicht einig. Die Entscheidungen liegen hier zwischen 5 – 15 km/h.

Ich wohne genau in so einer Spielstraße.

Das ganze Baugebiet mit zwei langen Straßen ist verkehrsberuhigt.

Mittlerweile bin ich im Baugebiet umgezogen und wohne in einer Sackgasse, ohne Durchgangsverkehr.

Meine erste Wohnung lag allerdings genau in der „Einflugschneise" des Baugebietes in einer Kurve.

Ca. 200 m hinter dem Spielstraßenschild spielte meine kleine Tochter, manchmal auch direkt auf der Straße.

Wie Kinder halt so sind, bemalte sie die Straße mit Kreide, fuhr Fahrrad oder Tretroller.

Natürlich war Sie nie allein, einer von uns Eltern war immer dabei. Und natürlich hielten sich auch früher schon die Autofahrer **nicht** an die Schrittgeschwindigkeit.
Oft kam es zu kritischen Situationen, oft gab ich dem Autofahrer Handzeichen, er solle langsamer fahren.

Einmal, hielt ein älterer Herr sogar an, stieg wutentbrannt aus und beschimpfte mich.

Was mir denn einfallen würde, ihn zu maßregeln. Er würde ja schon 40 Jahre Autofahren und bräuchte sich von mir nichts sagen zu lassen...

Und das war die Initialzündung für eine Aktion im gesamten Baugebiet.

Ich führte ein Gespräch mit dem Bezirksbeamten der Polizei und erstellte ein Infoschreiben zum Thema verkehrsberuhigter Bereich / Spielstraße. Mit der Polizei abgestimmt, war sogar ein Polizeilogo auf dem Schreiben.

Und an einem Samstag ging ich dann allein los, von Haus zu Haus, von Nachbar zu Nachbar, im gesamten Baugebiet.

Ich führte Gespräche zum Thema Spielstraße, was die Geschwindigkeiten angeht.
Mein Appell ging an deren Vernunft und auch daran, den eigenen Besuch auf diese Thematik hinzuweisen.
Die Reaktionen waren sehr unterschiedlich.

Von Verständnis und Einsicht („…ja ich fahr zu schnell, ich werde das ändern"), über Ignoranz
(„…interessiert mich nicht, ich hab keine Kinder!"), bis hin zur offenen Ablehnung
(„…was soll der Scheiß, ich fahr so schnell wie ich will, die Kinder haben nicht auf der Straße zu spielen!") war alles dabei.

Teilweise war ich sprachlos.
Als ich dann von der Wohnung in die Sackgasse zog, war ich froh, dass meine Tochter noch lebte, denn geändert hat sich bis heute nichts.

Und selbst heute, in meiner Sackgasse wird gerast. Gerade gestern fiel mir ein Paketfahrer auf.

Ich fuhr gerade mit meinem Auto in meine Einfahrt, als der Fahrer in seinem Transporter „angeflogen" kam.

Zufällig hatte er ein Paket für mich. Als ich es angenommen hatte, suchte ich das Gespräch und fragte ihn, ob er wüsste, dass hier eine Spielstraße sei.

Als ich darauf keine Antwort bekam, fragte ich, ob er denn wisse, wie schnell man hier fahren dürfte...wieder Schweigen.

Ich klärte ihn auf und wies auf 7-10 km/h hin. Und oh Wunder der Mann konnte ja doch sprechen..."oh das wusste ich nicht, ich achte nächstes Mal drauf"
Die Menschheit ist doch noch nicht ganz verloren.

Frage: Gelten für Paketdienstfahrer
andere Regeln im Straßenverkehr?

Neben LKW-Fahrern haben es auch die
Paketdienstfahrer täglich schwer auf unseren
Straßen.
Über die Arbeitsverhältnisse von denen wurde
ja in der Öffentlichkeit oft berichtet. Schlechte
Bezahlung, hoher Zeitdruck, usw.
Leider führt das dazu, dass ich oft das Gefühl
habe, Paketfahrer haben mehr Rechte.

Nein, haben sie nicht. Auch für die gilt die
gleiche StVO wie für jeden normalen
Verkehrsteilnehmer.

Die parken und halten wo sie wollen.
Reporter von „Auto Bild" sind mal Paketboten
gefolgt und haben durchschnittlich 14
Verkehrsverstöße pro Stunde festgestellt.

Häufigste Verstöße waren im Bereich Parken
und Halten (mit und ohne Behinderungen)
und im Bereich zu hohe Geschwindigkeit.

Ich habe dafür auch keine Patentlösung.

Wie bereits an anderer Stelle beschrieben,
wären Paketdienstzentren vor den Städten und

Anlieferungen von Paketen mit Drohnen ein Lösungsansatz (Kapitel 8: Mobilität der Zukunft).

Frage: Wie erkenne ich das Ende einer Geschwindigkeitsbeschränkung?

Klar, denkst Du...50 km/h endet, wenn z.B. ein Schild 70 km/h kommt. Ja, richtig.

Aber, da gibt es doch mehr zu beachten.

Und es halten sich hartnäckig die Gerüchte, dass nach Kreuzungen oder Einmündungen automatisch die vorher bestandene Geschwindigkeitsbeschränkung aufgehoben ist. Dazu später mehr.
Erst etwas Grundsätzliches.

Die einfachste Aufhebung einer Geschwindigkeitsbeschränkung ist

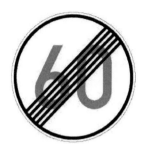

dieses Schild, Zeichen 278[24],
„Aufhebung von Geschwindigkeitsbegrenzung"

oder

Zeichen 282[25], zur
„Aufhebung von Geschwindigkeitsbegrenzung
und Überholverboten".

---

[24] (StVO, Anlage 2, Abschnitt 7,lfd.Nr. 56, §41 StVO, Absatz 1 2019)
[25] (StVO, Anlage 2, Abschnitt 7,lfd.Nr. 60 , §41 StVO, Absatz 1 2019)

Dann gibt es noch die Tempo 30 Zone.

Zeichen 274.1[26]
„Beginn einer Tempo 30-Zone"

In dieser 30 Zone, meist in Wohngebieten, gilt auf allen Straßen dieser Zone eben Tempo 30 (auch eben nach Einmündungen ohne Wiederholung des Schildes)

---

[26] (StVO, Anlage 2, Abschnitt 7,lfd.Nr. 50 , §41 StVO, Absatz 1 2019)

Nur durch dieses Schild wird die Tempo 30
Zone dann wieder aufgehoben.

Zeichen 274.2[27]
„Ende einer Tempo 30-Zone"

[27] (StVO, Anlage 2, Abschnitt 7,lfd.Nr. 51 , §41 StVO, Absatz 1 2019)

Dann gibt's solche Schilder mit Zusatzzeichen:

Zeichen 274 mit Zusatzzeichen[28]
Klar, hier gilt 60 nur für LKW, oder auch
zeitlich begrenzte Schilder

Und hier musst Du von montags bis freitags in
der Zeit von 07:00 – 17:00 Uhr halt 30 km/h
fahren.

Zeichen: 274 mit Zusatzzeichen[29]

---

[28] (StVO, Anlage 2, Abschnitt 7,lfd.Nr. 49, §41 StVO, Absatz 1 und
Zusatzzeichen nach VzKat , Teil 7 Zusatzzeichen 1042-33 2019)
[29] (StVO, Anlage 2, Abschnitt 7,lfd.Nr. 49, §41 StVO, Absatz 1 und
Zusatzzeichen nach VzKat , Teil 7 Zusatzzeichen 1010-51 2019)

Dann haben wir da noch:

Zeichen: 276 mit Zusatzzeichen[30]

Hier gilt ab dem Schild gemessen, für die
nächsten 3 km ein Überholverbot, vielleicht,
weil die Strecke als sehr unübersichtlich
eingestuft wird, oder viele Kurven beinhaltet.
Ober, und das erkennt man auf Anhieb nicht,
die Strecke gilt als Unfallschwerpunkt.

---

[30] (StVO, Anlage 2, Abschnitt 7,lfd.Nr. 53, §41 StVO, Absatz 1 und
Zusatzzeichen nach VzKat , Teil 7 Zusatzzeichen 1001-31 kein
Datum)

Oder es wird generell vor einer gefährlichen Kurve gewarnt.

Zeichen 105, „Doppelkurve" kombiniert mit Zeichen 274, „Zulässige Höchstgeschwindigkeit" [31]

Auch diese streckenbezogene Geschwindigkeitsbeschränkung endet nach der Gefahrenstelle automatisch.

Dies gilt auch für eine aufgrund einer Baustelle bestehenden

---

[31] (StVO, Anlage 1, Abschnitt 1, lfd. Nr. 4, § 40 Absatz 6 und 7 und Anlage 2, Abschnitt 7, lfd. Nr. 49 2019)

Geschwindigkeitsbeschränkung. Wenn das Ende der Baustelle klar erkennbar ist, hebt sich die Geschwindigkeitsbeschränkung automatisch auf.

Alles klar, oder?

Ne, was ist denn jetzt mit Kreuzungen, Einmündungen und auch Autobahnauf- und Abfahrten, wenn danach kein weiteres Geschwindigkeitszeichen kommt?

Bei dieser Frage besteht selbst unter Fachleuten Uneinigkeit.

Zwei verschiedene Fahrlehrer sind der Meinung, dass tatsächlich eine ganz normale Geschwindigkeitsbeschränkung (also ohne Gefahrenbezug), die vor einer Kreuzung oder Einmündung besteht und danach nicht wiederholt wird, automatisch nicht mehr gilt.

Keiner von denen wusste allerdings, wo das denn steht. In der StVO jedenfalls nicht.

Lt. Aussage der Herren vom Landesbetrieb Straßen NRW wird auf den Autobahnen immer nach Auffahrten, die vorher geltende Geschwindigkeitsbeschränkung wiederholt, sodass es hier nicht zu Verunsicherung durch fehlende Schilder kommt. Also auf Autobahnen ist das kein Thema.

In der Stadt, also innerorts ist es leider nicht so klar und damit verbunden, besteht Verunsicherung.
In dieser Frage habe ich dann etwas länger gesucht und einen weiteren Polizisten in meinem Freundeskreis befragt, der jahrelang im Bereich Verkehr tätig war.
Er gab mir den entscheidenden Hinweis.

Und siehe da, hier steht es:

Anlage 2, lfd. Nr. 55 zu § 41 Abs. 1 StVO:[32]

Erläuterung
Das Ende einer streckenbezogenen Geschwindigkeitsbeschränkung oder eines Überholverbots ist nicht gekennzeichnet, wenn das Verbot nur für eine kurze Strecke gilt und auf einem Zusatzzeichen die Länge des Verbots angegeben ist. Es ist auch nicht gekennzeichnet, wenn das Verbotszeichen zusammen mit einem Gefahrzeichen angebracht ist und sich aus der Örtlichkeit zweifelsfrei ergibt, von wo an die angezeigte Gefahr nicht

---

[32] (StVO, Anlage 2, Abschnitt 7,lfd.Nr. 55, §41 StVO, Absatz 1 2019)

*mehr besteht. Sonst ist es gekennzeichnet
durch die Zeichen 278 bis 282.*

Der entscheidende Satz ist:

Sonst ist es gekennzeichnet durch die Zeichen
278 bis 282.

Und wenn das Ende der
Geschwindigkeitsbeschränkung **eben nicht**
mit den Zeichen 278 bis 282 gekennzeichnet
ist, dann gilt diese Beschränkung auch nach
der Kreuzung oder Einmündung weiter.

Für mich glasklar.

Sogar entsprechende Gerichtsurteile dazu gibt
es.

OLG Hamm:

*Eine Kreuzung oder Einmündung hebt ein
Streckenverbot (dazu gehört auch die
Begrenzung der zulässigen
Höchstgeschwindigkeit durch Zeichen 274)
entgegen oft verbreiteter Meinung nicht auf.*

*Zwar müsste an sich das Zeichen 274 nach der
Kreuzung wiederholt werden, unterbleibt dies*

jedoch, so kann der Fahrzeugführer nicht daraus schließen, dass das Verbot aufgehoben wurde.

Vielmehr müsste es durch ein entsprechendes Verkehrszeichen aufgehoben werden (z. B. OLG Hamm 2 Ss OWi 524/01).[33]

„Der zu schnell fahrende Fahrzeugführer kann selbst dann einen Schuldspruch kassieren, wenn er tatsächlich aus der Nebenstraße eingebogen ist und das Zeichen 274 dann tatsächlich gar nicht gesehen hat, wenn das Gericht annimmt, dass er als Ortskundiger um die Beschränkung auf der betreffenden Straße wusste. "

Es gibt Verwaltungsvorschriften zum Aufstellen von Schildern nach Kreuzungen und Einmündungen, die allerdings unterschiedlich umgesetzt werden, mal wird ein Schild aufgestellt, mal eben nicht.

Leider gibt es viele strittigen Fragen, die von Gerichten entschieden werden müssen.

Deshalb bin ich der Meinung, dass jeder, der ins Auto steigt, eine Verkehrsrechtschutz-Versicherung haben sollte, haben muss!

---

[33] (OLG Hamm, Urteil vom 05.07.2001, Az. 2 Ss OWi 524/01 , dejure.org Rechtsinformationssysteme GmbH 2001)

Frage: Was tun, wenn ein Verkehrsschild oder eine Geschwindigkeitsbeschränkung in Deinen Augen unsinnig ist?

Ja, was tun, wenn Du so ein unsinniges oder verwirrendes Schild siehst?

Du kannst Dich ärgern und ignorierst das Schild einfach. Kannst Du machen.

Wenn es allerdings um ein Verbotsschild z.B. Überholverbot geht und Du erwischt wirst, wird es teuer. Also das scheidet schon mal aus.

Besser ist es, Du merkst Dir die Straße und den Ort (und natürlich das Schild) und handelst.

Ich habe dies drei Mal getan...

Beim ersten Mal ging es um ein 80 km/h Schild auf der A 2 Fahrtrichtung Hannover kurz vor dem Kamener Kreuz.

Sehr lange war dort eine Baustelle, Ausbau auf drei Spuren.

Irgendwann war die Baustelle fertig. Die Fahrbahn strahlte im neuen Glanz, keine Warnbaken mehr, keine Baustellenmarkierungen, einfach nichts mehr, das an eine Baustelle erinnert.

Ich genoss die Fahrt, ohne Tempolimit und es war wenig Verkehr.

Plötzlich taucht ein 80 km/h Schild am Fahrbahnrand auf.

Ich traute meinen Augen nicht 80 km/h????
...hier auf der dreispurigen neuen Autobahn, was soll das denn???
Ich fuhr ganz nach rechts und bremste langsam ab.

Ich war natürlich der Einzige, der so handelte. Alle anderen beachteten das Schild natürlich nicht. Ich kam mir ziemlich blöd vor.

In meinem Büro (zu Hause angekommen) rief ich die Autobahnmeisterei in Kamen an und schilderte den Fall.

Der Mitarbeiter hatte für mich ein offenes Ohr.

Natürlich habe ich ihn auch nicht angegriffen, oder mich unnötig aufgeregt, sondern ganz

sachlich gesprochen und nach dem Grund für
das 80 km/h Schild gefragt.
Er sagte mir zu, sich zu kümmern und mich
dann zurück zu rufen.
Ich dachte na das kann ja dauern...Nach 45
Minuten rief er wieder an.

Er hätte mit einem Technikkollegen
gesprochen und sagte folgendes aus.

Das 80 Schild ist wegen des neuen
Fahrbahnbelags da, da dieser noch nicht so
griffig sei und erst noch sozusagen eingefahren
werden müsste.

Wenn ich noch genauere Angaben wünschte,
bot er mir sogar an, mit dem Technikkollegen
direkt zu sprechen.

Mir reichte das, aber das ganze Verhalten und
das Angebot fand ich super.

Eine Woche später war das 80 Schild dann
auch verschwunden.

Klar, kannst Du jetzt sagen, die haben mich
verarscht und nur vergessen, das Schild
abzubauen. Ich glaube das nicht.

Beim zweiten Fall fuhr ich im Münsterland herum, im Kreis Borken.

Dort gibt es viele Kreisverkehre, vor denen (wenn außerhalb geschlossener Ortschaft) die Geschwindigkeit auf 70 und dann auf 50 km/h begrenzt wird.

Ich fuhr innerhalb einer Ortschaft (dachte ich zumindest) auf einen Kreisverkehr zu und fuhr 50 km/h.
Dann sah ich das 70 km/h Schild, aber weiter hinten kam ja der Kreisverkehr und das 50 km/h Schild war auch schon zu sehen.

Ich schaffte es praktisch gar nicht, auf 70 zu beschleunigen, da ich ja dann wieder hätte bremsen müssen.

Unsinn, dachte ich und rief das Straßenverkehrsamt der Gemeinde an.
Die verwiesen mich an das Kreisverkehrsamt des Kreises Borken.

Dort hörte mir der Kollege zu und schaute direkt in seinen Rechner.

Da ich allerdings den Straßennamen falsch benannt hatte, konnte er mir am Rechner nicht folgen.

Da ich in diesem Moment etwas Zeit hatte, drehte ich und meldete mich 5 min später wieder bei ihm.

Auch er war total nett, ich hatte nicht das Gefühl, dass ich ihm lästig war. Als ich dann erneut an die Stelle kam, bemerkte ich die Ursache meiner Verwirrung.

Nach einem Gebäude, recht verdeckt, endete offiziell der Ort, bis zum 70 Schild waren es ca. 300 m. Diese 300 m waren offiziell außerhalb geschlossener Ortschaft, also somit war 100 km/h erlaubt.

Unsinn für diese Strecke, aber so war es und deshalb auch das genauso unsinnige 70 Schild.

Ich besprach dies mit dem Kollegen der Behörde und er stimmte zu, dass dies unsinnig ist. Er werde sich der Sache annehmen, eine Ortsbesichtigung machen und dann entsprechend die Beschilderung ändern.

Er bedankte sich für meinen Anruf, denn nur so kann man etwas verbessern.

Also, auch die Reaktion hier war positiv.

Der dritte Fall ist bei mir vor der Haustür.

Eine kurvige enge Straße, auf der 50 erlaubt ist, dann kommt plötzlich 70 obwohl man schon das nächste 50 Schild dahinter sieht und eine beginnende weitere Kurve.
Auch dieses 70 Schild ist total unsinnig.

Hier rief ich das Straßenverkehrsamt in Kamen an.

Auch hier war die Frau sehr nett und sagte eine Prüfung zu.

Desweitern führte sie aus, dass es sog. Verkehrsschauen alle paar Jahre gibt, wo die Verkehrsbehörden zusammen mit der Polizei die Strecken und Beschilderungen kontrollieren.

In meinem Fall sagte sie natürlich „sofortige" Prüfung zu.
Es dauerte ein paar Wochen, aber dann tat sich etwas.

Das 70 km/h Schild wurde mit orangefarbigem, dicken Klebeband durchgestrichen.

Ich frage mich zwar, warum man es nicht gleich abmontiert hatte, aber deswegen wollte ich nun nicht nochmal anrufen.

Leider hat jetzt irgendjemand, wahrscheinlich ein verärgerter Autofahrer, das Klebeband wieder entfernt. Dumm, das Ganze grenzt nun an einen Schildbürgerstreich.

Ich müsste jetzt wieder anrufen, dachte ich mir, als ich zufällig zum Rathaus in Kamen unterwegs war.
Also spontan zur Verkehrsbehörde rein und schon stand ich vor einer Mitarbeiterin, die mir zuhörte.
Ich schilderte den Fall und dann schauten wir gemeinsam am Rechner die Straße mit den Schildern an.

Die Daten waren wohl schon mehrere Jahre alt, aber egal.
Sie verstand auch nicht, warum die Abklebung erfolgte und dann wieder die Entfernung der Abklebung.
Jetzt wird erneut geprüft...mal sehn wie diese Geschichte weitergeht.

Ich hab mich entschieden, an der Stelle einfach 50 zu fahren und das 70 km/h Schild zu ignorieren, fertig.

Zeigen wollte ich mit den drei Beispielen ja nur, dass Du etwas tun und ändern kannst.

Probiere es doch mal selbst aus!

Frage: Darf ich auch langsamer fahren als vorgeschrieben?

Du kennst diese Schleicher, die bei 50 nur 40 fahren oder wenn aus 50 km/h, 70 km/h werden bei 50 bleiben! Ich gebe zu, da hupe ich dann auch mal, das nervt einfach.

Natürlich ist es etwas Anderes, wenn es irgendwelche Gründe, wie schlechte Sichtverhältnisse, Glatteis, viele Menschen am Straßenrand oder Kinder, usw. erkennbar sind.

Aber ohne erkennbaren Grund geht das gar nicht. Die StVO sieht das übrigens ähnlich:

StVO: § 3 Geschwindigkeit(Auszug) :[34]

„Ohne triftigen Grund dürfen Kraftfahrzeuge nicht so langsam fahren, dass sie den Verkehrsfluss behindern."

Wer dagegen verstößt, kann von der Polizei mit einem Verwarngeld von 20 Euro bestraft werden.

Jetzt könntest Du auf die Gegenfrage kommen, ob es denn eine Mindestgeschwindigkeit gibt. Grundsätzlich gibt es keine Mindestgeschwindigkeit.

Jeder denkt dabei sofort an die Autobahn und die vermeintliche Mindestgeschwindigkeit von 60 km/h.

Das ist allerdings ein Irrtum. Auf Autobahnen dürfen nur Fahrzeuge fahren deren Bauart es zulässt, mindestens 60 km/h oder schneller zu fahren.
Das bedeutet nicht, dass man mindestens 60 km/h fahren muss.

Trotzdem gibt es ein Verkehrszeichen für eine Mindestgeschwindigkeit.

---

[34] (StVO, § 3 Geschwindigkeit 2019)

Ich muss zugeben, dass ich so ein Zeichen selten gesehen habe.

Zeichen 275, [35]
„Vorgeschriebene Mindestgeschwindigkeit"

Allerdings soll es Straßen geben mit so einem Mindestgeschwindigkeitszeichen (die Zahl kann übrigens variieren).
Auf den Straßen muss man dann mindestens so schnell fahren, wie angegeben.

Wirklich sinnvolle Anwendungen für dieses Schild fallen mir allerdings jetzt ehrlich gesagt nicht ein, aber wenigstens hast Du es einmal gesehen (wenn schon nicht auf der Straße, dann eben hier im Buch).

---

[35] (StVO, Anlage 2, Abschnitt 7,lfd.Nr. 52, §41 StVO, Absatz 1 2019)

Frage: Ab wann muss ich mich an die vorgegebene Geschwindigkeit halten?

Immer wieder ein Diskussionsthema und immer wieder sehe ich die, die erstmal am 80 km/h Schild mit 130 km/h vorbei rasen und dann irgendwann mal anfangen, zu bremsen.

Die Geschwindigkeit muss bereits am Schild eingehalten werden. Also, solltest Du schon vorher anfangen, zu bremsen.

Sonst kann es teuer werden, denn es ist zulässig, bereits 50 m nach dem Schild zu blitzen, auch wenn die Behörden evtl. etwas kulanter sind.
Anders herum darfst Du erst ab dem Schild 120 (aus z. B. 80 km/h kommend) beschleunigen. Ich gebe zu, dass ich auch schon mal etwas eher beschleunige....

Frage: Welche Verkehrszeichen kann ich mir schwer merken?

Vielleicht geht es Dir ja auch so. Bei der Vielzahl der Verkehrszeichen, habe ich manchmal Schwierigkeiten, Zeichen richtig zuzuordnen.

Besonders bei den beiden Zeichen geht es mir so.

Zeichen 102[36]
„Kreuzung oder Einmündung mit Vorfahrt von rechts"

„Kreuzung oder Einmündung mit Vorfahrt von rechts" heißt dieses Zeichen offiziell.

---

[36] (StVO, Anlage 1, Abschnitt 1,lfd.Nr. 2, § 40 Absatz 6 und 7 2019)

Der wichtige Zusatz „...mit Vorfahrt von rechts" steht in der Anlage 1 zur StVO, wo es um Verkehrszeichen geht.

Also kurz gesagt: Die nächste Straße von rechts kommend hat Vorfahrt.

Das andere Verkehrszeichen bedeutet genau das Gegenteil

Zeichen 301[37]
„Vorfahrt"

Dieses Schild sagt aus, dass Du bei der nächsten kommenden Einmündung einmalig Vorfahrt hast.
Ganz einfach, trotzdem muss ich immer wieder überlegen.

---

[37] (StVO, Anlage 3, Abschnitt 1,lfd.Nr. 1, § 42 Absatz 2 2019)

Frage: Wie geht man richtig mit diesen neuen Schutzstreifen für den Radverkehr auf der Fahrbahn um?

Immer häufiger tauchen auf den innerstädtischen Straßen diese Schutzstreifen für Radfahrer auf.
Zuerst dachte ich, was soll das denn? Sind die bekloppt?

Nachdem ich mich damit etwas näher beschäftigt habe, denke ich heute anders.

Zuerst muss man unterscheiden. Es gibt Radfahrstreifen (neben der Fahrbahn) und Schutzstreifen (auf der Fahrbahn).

Ganz wichtig ist hier, dass der Radfahrstreifen nicht Bestandteil der Fahrbahn ist, der Schutzsteifen hingegen, „bei Bedarf" befahren werden darf.

Häh, was?? Ja, ja, so hab ich auch gedacht, als ich das Buch schrieb...Ich denke, durch zwei Bilder aus der Fahrradstadt Münster wird Dir klar, was gemeint ist.

Bild: Stadt Münster

Dies ist ein Radfahrstreifen, der von der Fahrbahn getrennt durch die dicke durchgezogene Linie eben nicht zur Fahrbahn gehört. Dementsprechend darfst Du hier auch nicht drüberfahren. Es ist also ein eigener Radweg, direkt neben der Straße.

Bild: Stadt Münster

Und dies ist der Schutzstreifen auf der
Fahrbahn, der Bestandteil der Fahrbahn ist.
Allerdings darf dieser Schutzstreifen **nur bei
Bedarf**, wenn Du keinen Radfahrer gefährdest,
befahren werden.

„Nur bei Bedarf" bedeutet, wenn Du z.B. dem
Gegenverkehr ausweichen musst.

Also dauerhaft befahren, auch wenn kein Radfahrer da ist, darfst Du den Schutzstreifen nicht!

Der Gedanke bei Radfahrstreifen direkt neben der Fahrbahn und Schutzstreifen auf der Fahrbahn ist, den Radfahrer „sichtbarer" für den Auto-und LKW Verkehr zu machen.

Wenn Du da mal kurz drüber nachdenkst, siehst Du den Radfahrer wirklich besser, als wenn der Radweg durch Bäume oder ähnliches weiter weg von der Fahrbahn gebaut wäre und der Radfahrer plötzlich an einer Kreuzung aus dem Nichts auftaucht.

Aus meiner Sicht erhöhen diese Schutz- und Radfahrstreifen die Sicherheit für den Radfahrer.

Anlage 3 (zu § 42 Abs. 2)[38]

1	2	3
lfd. Nr.	Zeichen und Zusatzzeichen	Gebote oder Verbote Erläuterungen
Abschnitt 8 Markierungen		

---

[38] (StVO, Anlage 3, Abschnitt 8, lfd.Nr. 22, §42 StVO, Absatz 2 2019)

Zeichen 340 *Leitlinie* 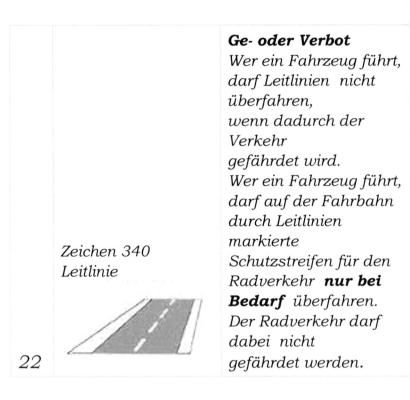 22	**Ge- oder Verbot** *Wer ein Fahrzeug führt,* *darf Leitlinien nicht* *überfahren,* *wenn dadurch der* *Verkehr* *gefährdet wird.* *Wer ein Fahrzeug führt,* *darf auf der Fahrbahn* *durch Leitlinien* *markierte* *Schutzstreifen für den* *Radverkehr **nur bei*** ***Bedarf** überfahren.* *Der Radverkehr darf* *dabei nicht* *gefährdet werden.*

Wenn Du beim Überholen eines Radfahrers auf
dem Schutzstreifen keinen ausreichenden
Sicherheitsabstand (innerorts 1,5 m) einhalten
kannst, muss Du halt dahinter bleiben, fertig.

Seit 1975 fordert die StVO diesen
ausreichenden Abstand im § 5 Überholen, Satz
4:[39]

---

[39] (StVO, § 5 Überholen, Satz 4 2019)

4) Wer zum Überholen ausscheren will, muss sich so verhalten, dass eine Gefährdung des nachfolgenden Verkehrs ausgeschlossen ist. Beim Überholen muss ein ausreichender Seitenabstand zu anderen Verkehrsteilnehmern, insbesondere zu den Zufußgehenden und zu den Radfahrenden, eingehalten werden. Wer überholt, muss sich sobald wie möglich wieder nach rechts einordnen. Wer überholt, darf dabei denjenigen, der überholt wird, nicht behindern.

Was ist jetzt ein „ausreichender Sicherheitsabstand" bei Radfahrern?

Manchmal sieht man bei Kindern diese ab klappbaren roten Fähnchen, die uns Autofahrern an diesen „ausreichenden Sicherheitsabstand" erinnern sollen...

Hier haben, wie so oft, wenn Gesetze oder Verordnungen einen sog. „unbestimmten Rechtsbegriff" nennen, Gerichte festgelegt, was das im Detail bedeutet.
Seit den 1980er-Jahren gilt:

Beim Überholen muss der Seitenabstand zu einem einwandfrei fahrenden Radfahrer je nach der Geschwindigkeit des überholenden Kraftfahrzeugs etwa 1,5 bis 2 m betragen (OLG Saarbrücken 3 U 141/79).[40]

Auch das OLG Hamm verlangt mindestens 1,5 m Abstand (6 U 91/93).[41]

2003 nannte das OLG Düsseldorf einen von „der Rechtsprechung generell für erforderlich gehaltenen Mindestabstand von 1,5 m" (1 U 234/02).[42]

Und das wird auch zukünftig in der StVO als Mindestabstand von 1,5 m (innerorts) festgelegt (siehe nächste Frage).

Letztens war ich in Bonn unterwegs und da war auch so ein Schutzstreifen. Allerdings war die Fahrbahn so eng, dass es unmöglich war auch noch Radfahrer zu überholen, man musste also dahinter bleiben. Hier stellt sich die Frage: Muss das sein?

---

[40] (OLG Saarbrücken, Urteil vom 21.03.1980, Az. 3 U 141/79, dejure.org Rechtsinformationssysteme GmbH, Mannheim 1980)
[41] (OLG Hamm, Urteil vom 28.10.1993 ,Az. 6 U 91/93 ,dejure.org Rechtsinformationssysteme GmbH 1993)
[42] (OLG Düsseldorf, Urteil vom 13.10.2003 , Az. 1 U 234/02, dejure.org Rechtsinformationssysteme GmbH, 2003)

Es gibt nämlich auch Vorgaben, wie breit so ein Schutzstreifen sein sollte, und wann das Anlegen überhaupt sinnvoll ist. Es gibt Abstandsregeln zu parkenden Autos links von Schutzstreifen (von wegen Fahrertür aufreißen, Radfahrer macht einen Überschlag), usw.....

Vielleicht werden diese Vorgaben nicht immer eingehalten. Hier kann man sich bei der Stadt beschweren, aber in dem Moment auf der Straße hilft nur gegenseitig Rücksicht zu nehmen.

Immer wieder gibt es solche Aktionen, wie hier vom ADFC in Braunschweig, aus Juni 2019 (Pressemitteilung ADFC):[43]

---

[43] (adfc, Kreisverband Braunschweig e.V., Pressemitteilung vom 03.06.2019, Sabine Kluth 2019)

Braunschweig

DEMO mit POOLNUDEL
1,5 m Abstand beim Überholen von Radfahrenden

PRESSEMITTEILUNG

Demonstration 3.6.2019 „1,50m Abstand halten beim Überholen von Radfahrenden"

Montag, 3. Juni 2019 um 17 Uhr vor dem Schloss*

Braunschweig, den 25.05.2019

Der ADFC Braunschweig führt eine Fahrraddemonstration am 3.6.2019 durch zum Thema „Überholabstand von 1,50m einhalten".
Poolnudelaktion zum Weltfahrradtag am 3.6.2019
Der ADFC Braunschweig möchte das Thema Sicherheit der Radfahrer im Strassenverkehr in die öffentliche Aufmerksamkeit bringen.
Hierzu soll es eine Demonstration am 3.6.2019 von 17h-20h geben.
Start ist am Schlossplatz. Hier können Poolnudeln für 1€ und auch Westen des ADFC mit dem Abstand halten-Hinweis gekauft werden.
Bei der Aktion soll darauf aufmerksam gemacht werden, dass Autofahrer-nach gängiger Rechtsprechung- beim Überholen von Radfahrenden einen Abstand von 1,50m einhalten müssen.
Dies gilt auch, wenn Radfahrer auf Schutzstreifen unterwegs sind.
Radfahrer in Braunschweig erleben an vielen Stellen im Stadtverkehr, wenn sie auf der Fahrbahn gemeinsam mit Autos unterwegs sind, dass beim Überholen dieser Sicherheitsabstand nicht eingehalten wird.

182

In engen Straßen müssen Autofahrer also ggf. einem Radfahrer hinterher fahren bis die Straße breit genug ist, um die 1,50m Überholabstand einzuhalten.

Bei der Demonstration am 3.6.2019 werden die Radfahrer auf zwei Routen (einer kurzen von 3km, einer längeren von 9km) im Stadtgebiet und östlichem Ringgebiet unterwegs sein.

Sie werden jeweils eine Poolnudel auf dem Gepäckträger befestigt haben, die vorbeifahrenden Autofahren visuell deutlich macht, wie breit 1,50 Abstand sind.

Poolnudeln werden als Spiel- und Sportgerät beim Schwimmen eingesetzt, daher der Name „Poolnudel".

Frage: Was sind Dooring Unfälle?

Selbst wenn Du als Autofahrer gar nicht fährst, kannst Du einen Radfahrer gefährden.

Nämlich durch eine unachtsam aufgerissene Fahrertür nach dem Parken.
In dem Moment fährt ein Radfahrer voll dagegen. Bei diesen sogenannten Dooring Unfällen (engl. door für Tür) verletzt sich der Radfahrer oft schwer bis hin zum Tod.

Im Jahre 2017 sind allein in Berlin drei Radfahrer bei solchen Unfällen ums Leben gekommen.

Deshalb solltest Du Dich vor dem Öffnen der Autotür immer und ohne Ausnahme davon überzeugen, dass sich kein Radfahrer dem Auto nähert.

Vor dem Aussteigen solltest Du nicht nur in den Außenspiegel, sondern auch über die linke Schulter nach hinten schauen.

Durch die konsequente Anwendung des "holländischen Griffs" (Öffnen der Fahrertür grundsätzlich mit der rechten Hand) kannst Du ganz einfach solche Unfälle vermeiden.

Bei dem Öffnen der Tür mit der rechten Hand wird Dein Oberkörper gedreht und der Blick wandert automatisch seitlich nach hinten – also auf die Fahrbahn.

Das kannte ich auch noch nicht. Werde ich ab sofort anwenden. Ganz einfache Regel, erhöht sofort die Sicherheit, super!

Frage: Halten und Parken, was gibt es da zu beachten?

Was mich im täglichen Verkehr total nervt, ist das Halten und Parken. Manchmal hab ich das Gefühl, jeder parkt wo er will.

Und was mich immer wundert ist, dass öfter auf zweispurigen Fahrbahnen, der rechte Fahrstreifen komplett als „Parkstreifen" genutzt wird.

Oder manchmal steht auf der Fahrbahn einfach ein einzelnes Auto und parkt. Ist das erlaubt?

Ich würde da nie im Leben parken. Da hätte ich viel zu viel Angst, dass man mir ins Auto fährt...

Was ist erlaubt und was nicht?

Das steht in der StVO (Auszug):

§ 12 Halten und Parken[44]

Das Halten ist unzulässig

- *an engen und an unübersichtlichen Straßenstellen,*

- *im Bereich von scharfen Kurven,*

- *auf Einfädelungs- und auf Ausfädelungsstreifen,*

- *auf Bahnübergängen,*

- *vor und in amtlich gekennzeichneten Feuerwehrzufahrten*

Wer sein Fahrzeug verlässt oder länger als drei Minuten hält, der parkt.

Das Parken ist unzulässig

- *vor und hinter Kreuzungen und Einmündungen bis zu je 5,00 m von den Schnittpunkten der Fahrbahnkanten,*

---

[44] (StVO, § 12 Halten und Parken 2019)

- *wenn es die Benutzung gekennzeichneter Parkflächen verhindert,*

- *vor Grundstücken- und -ausfahrten, auf schmalen Fahrbahnen, auch ihnen gegenüber,*

- *über Schachtdeckeln und anderen Verschlüssen, wo durch Zeichen 315 oder eine Parkflächenmarkierung (Anlage 2 Nummer 74) das Parken auf Gehwegen erlaubt ist,*

- *vor Bordsteinabsenkungen.*

Manche Sachen sind für den Normalmenschen und Autofahrer klar, Parken vor Ein- und Ausfahrten, vor Feuerwehrzufahrten, auf Bahnübergängen, usw.
Auch wenn so etwas immer wieder vorkommt, weiß jeder, dass dies nicht erlaubt ist...

Aber was sind denn nun „enge Straßenstellen" an denen das Halten und erst recht das Parken nicht erlaubt ist?

Da hier kein Maß für „eng" in der StVO zu finden ist, muss man nun etwas tiefer in der Rechtsprechung wühlen.

Hier geht man davon aus, dass ein Fahrzeug mit "normaler" Breite unter Einhaltung eines angemessenen Sicherheitsabstandes, trotz des haltenden bzw. geparkten Fahrzeugs noch ungehindert durchfahren kann.
Die zulässige Breite beim Auto ergibt sich aus

§ 32 Abs. 1 Nr. 1 StVZO:[45]

Die höchstzulässige Breite darf bei Kraftfahrzeugen und Anhängern 2,55 m nicht überschreiten.

Dazu kommt der seitliche Sicherheitsabstand, den man vernünftigerweise benötigt, um zwischen haltenden oder geparkten Fahrzeugen oder anderen seitlichen Begrenzungen (z. B. dem, einem Fahrzeug gegenüberliegenden Gehweg) vorbei zu fahren.

Im Allgemeinen geht die Rechtsprechung hierfür von 50 cm (je 25 cm auf jeder Seite) aus. Aus der Addition der höchstzulässigen Fahrzeugbreite und dem erforderlichen Sicherheitsabstand würde sich eine erforderliche Mindestbreite für den Fahrverkehr von 3,05 m ergeben.

---

[45] (StVZO, Straßenverkehrszulassungs-Ordnung, § 32 Abs. 1, Nr. 1 2020)

So läuft auch demzufolge die Rechtsprechung als Beispiel ab:

Verwaltungsgericht Regensburg (Urteil vom 17.09.2015 - RO 5 K 14.855):[46]
Nach § 12 Abs. 1 Nr. 1 StVO ist das Halten unzulässig an engen und an unübersichtlichen Straßenstellen. Die Vorschrift dient der Sicherstellung ausreichenden Raums für den fließenden Verkehr.

„Eng ist eine Straßenstelle nach der Rechtsprechung in der Regel dann, wenn der zur Durchfahrt insgesamt freibleibende Raum für ein Fahrzeug höchstzulässiger Breite von 2,55 m (vgl. § 32 Abs. 1 Nr. 1 StVZO) zuzüglich 0,50 m Seitenabstand bei vorsichtiger Fahrweise nicht ausreichen würde. Dabei ist die Gegenfahrbahn mit zu rechnen.

Dementsprechend muss ein Haltender grundsätzlich eine Fahrbahnbreite von etwa 3 m zum gegenüberliegenden Fahrbahnrand freihalten."

Gibt es eine (auch nur einseitig durchgezogene) Mittellinie als Fahrbahnbegrenzung, sieht es anders aus.

---

[46] (VG Regensburg, Urteil vom 17.09.2015 , Az. RO 5 K 14.855 , dejure.org Rechtsinformationssysteme GmbH, Mannheim 2015)

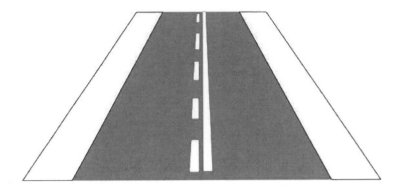

Hier gilt der Sicherheitsabstand von ca.3 m
natürlich bis zur durchgezogenen Linie, also
hier geht Parken nicht.

Ansonsten ist es tatsächlich zulässig,
manchmal einen Fahrstreifen als
„Parkstreifen" zu nutzen.

In Wohngebieten ist dies evtl. genau so gewollt
(am besten links und rechts abwechselnd).
Dadurch sind durchfahrende
Verkehrsteilnehmer gezwungen ihre
Geschwindigkeit entsprechend zu reduzieren,
ohne eine zusätzliche
Geschwindigkeitsbeschränkung festzulegen.

Ich bleibe dabei, an solchen Stellen würde ich mein Auto nicht abstellen, erlaubt oder nicht.

Generell beim Thema Parken hilft es, ab und zu auch mal auf die Beschilderung zu achten...

Wahrscheinlich kann man über Halten und Parken ein separates Buch schreiben...

Aber das will ich nicht, ich will ja nur zum Nachdenken anregen. Wer mehr wissen will, kann sich ja weitergehend informieren.

Frage: Wie verhalte ich mich hinter einem Fahrschulauto?

Meine Tochter kam nach einer Fahrstunde völlig genervt nach Hause und bat mich dieses Thema auch mal anzusprechen, Recht hat sie...

Du kennst das, ein Fahrschulauto vor Dir. Du merkst, der Fahrer ist unsicher, braucht eine gefühlte Ewigkeit um anzufahren und um dann auf die zulässige Geschwindigkeit zu kommen, er bremst wo sonst keiner bremst, usw., usw.

Ja, Du hast Recht, das nervt!

Aber jeder von uns hat ja mal angefangen. Und jeder von uns hat genau so angefangen...als Bremsklotz für die anderen.

Und wie hast Du Dich dabei gefühlt?
Natürlich scheiße, klar.
Und daran solltest Du immer denken, wenn Du so ein Fahrschulauto vor Dir hast. Hier eben nicht zu dicht auffahren (das macht sogar mir manchmal heute noch Angst, wenn jemand in meinen Kofferraum reinfahren will...), und eben nicht hupen, wenn er nicht sofort losfährt.

Da sitzt ja noch ein Fahrlehrer drin, der regelt das schon.

Durch Dein falsches Verhalten, wird der Fahrschüler noch mehr verunsichert und es dauert noch länger. Du hast nichts gewonnen, im Gegenteil.

Übrigens meine Tochter hat nun den Führerschein mit 17 und darf in Begleitung von Mama oder Papa auch ohne Fahrschulschild fahren.

Frage: Wie verhält man sich richtig hinter einem Omnibus:

Vielen Autofahrern ist nicht klar, wie sie sich hinter einem haltenden Bus verhalten sollen.

Darfst Du vorbeifahren oder musst Du halten? Was gilt, wenn der Bus das Warnblinklicht eingeschaltet hat?

In § 20 der Straßenverkehrsordnung (StVO) ist folgendes Verhalten vorgeschrieben:

Bus, der mit eingeschaltetem Warnblinklicht an eine Haltestelle heranfährt:

Striktes Überholverbot für Pkw, bis der Bus steht.

Bus steht an einer Haltestelle mit eingeschaltetem Warnblinklicht:

Pkw aus beiden Richtungen dürfen nur mit Schrittgeschwindigkeit (5-15 km/h) und ausreichendem Abstand vorbeifahren, wenn nötig halten; bei baulich getrennten

Fahrbahnen darf der Gegenverkehr normal
weiterfahren.

Bus ohne Blinker oder nur mit eingeschaltetem rechtem Blinker:

Mit erhöhter Vorsicht und Bremsbereitschaft
vorbeifahren (Schrittgeschwindigkeit spielt
keine Rolle mehr).

Omnibussen des Linienverkehrs und
Schulbussen muss das Abfahren von
gekennzeichneten Haltestellen ermöglicht
werden. Wenn nötig, müssen andere
Fahrzeuge warten. Das bedeutet nicht, dass
Busse automatisch Vorfahrt haben, aber auch
hier gilt gegenseitige Rücksichtnahme.

Frage: Wie verhalte ich mich richtig an
oder vor einer Ampel?

Eine unsinnige Frage? Lies erst, urteile dann!

Was sagt die StVO(Auszug):

*§ 37 Wechsellichtzeichen, Dauerlichtzeichen
und Grünpfeil[47]*

*Lichtzeichen gehen Vorrangregeln und Vorrang
regelnden Verkehrszeichen vor. Wer ein
Fahrzeug führt, darf bis zu 10 m vor einem
Lichtzeichen nicht halten, wenn es dadurch
verdeckt wird.*

*Wechsellichtzeichen haben die Farbfolge Grün –
Gelb – Rot – Rot und Gelb (gleichzeitig) – Grün.
Rot ist oben, Gelb in der Mitte und Grün unten.*

An Kreuzungen bedeuten:

Grün: *„Der Verkehr ist freigegeben".*

---

[47] (StVO, § 37 Wechsellichtzeichen, Dauerlichtzeichen und Gr□npfeil
2019)

Er kann nach den Regeln des § 9 abbiegen, nach links jedoch nur, wenn er Schienenfahrzeuge dadurch nicht behindert.

Gelb ordnet an*:*

„Vor der Kreuzung auf das nächste Zeichen warten".

Rot ordnet an*: „Halt vor der Kreuzung".*

Nach dem Anhalten ist das Abbiegen nach rechts auch bei Rot erlaubt, wenn rechts neben dem Lichtzeichen Rot ein Schild mit grünem Pfeil auf schwarzem Grund (Grünpfeil) angebracht ist.

Wer ein Rad fährt, hat die Lichtzeichen für den Fahrverkehr zu beachten. Davon abweichend sind auf Radverkehrsführungen die besonderen Lichtzeichen für den Radverkehr zu beachten.

(3) Dauerlichtzeichen über einem Fahrstreifen sperren ihn oder geben ihn zum Befahren frei. Rote gekreuzte Schrägbalken ordnen an „Der Fahrstreifen darf nicht benutzt werden"

Ein grüner, nach unten gerichteter Pfeil bedeutet:

„Der Verkehr auf dem Fahrstreifen ist freigegeben".

Besonders, das mit der Gelbphase- vor der Kreuzung auf das nächste Zeichen warten - hatte ich wohl vergessen...

Bei beginnender Gelbphase muss der herannahende Fahrer, der bei mittlerer Bremsung, ohne Gefährdung Nachfolgender, vor der Ampel anhalten kann, sein Fahrzeug zum Anhalten bringen.

Ansonsten kann ein Gelblichtverstoß mit einem Verwarnungsgeld von 10 € bestraft werden.

Wer darauf vertraut, dass der Vordermann bei gelb weiterfährt und dann auffährt, weil dieser abbremst, der haftet in der Regel voll. Zumal die Einhaltung des ausreichenden Sicherheitsabstandes die Sache des Hintermannes ist.

Wie lange dauert die Gelbphase?

Die Dauer der Gelbphase hängt von der zulässigen Höchstgeschwindigkeit ab.

Zulässige Höchstgeschwindigkeit
Gelbphase

bei 50 km/h	3 Sekunden
bei 60 km/h	4 Sekunden
bei 70 km/h	5 Sekunden

Bei Gelb darfst Du also nicht in den
Kreuzungsbereich einfahren, wenn es Dir
möglich ist, durch eine mittelstarke Bremsung
gefahrlos anzuhalten und vor der Haltelinie
zum Stehen zu kommen.
Ist dies nicht möglich, darfst Du bei Gelb
weiterfahren.

Grundsätzlich solltest Du Dich nicht nach dem
Hintermann richten, den Du eh nicht
einschätzen kannst.

Auch die Frage, wie groß die Kreuzung ist
(siehst Du eh nicht), sondern ausschließlich
die Tatsache, ob du selbst gefahrlos vor der
Haltlinie anhalten kannst, ist maßgebend.

Klar, musst Du hier schnell entscheiden.

Als Hintermann musst Du immer damit
rechnen, dass der Vordermann sich fürs
Anhalten entscheidet.

Übrigens wurde die erste Lichtsignalanlage der Welt am 10. Dezember 1868 in London auf dem Parlament Square aufgestellt. Sie wurde mit Gaslicht betrieben und explodierte nach kurzer Zeit.

Erst nach der Verbreitung des elektrischen Lichts in den Großstädten wurden ab 1912 wieder Lichtsignalanlagen zur Verkehrsregelung aufgestellt.

Die am 5. August 1914 installierte Lichtsignalanlage in Cleveland, USA, gilt als erste elektrische Verkehrsampel der Welt und hatte nur zwei Lampen, rot und grün.

Die ersten dreifarbigen Lichtsignalanlagen hielten 1920 in Detroit und New York Einzug.

In Europa wurde die erste dreifarbige Lichtsignalanlage – mit noch mechanischer Steuerung – 1922 in Paris (Rue de Rivoli/Boulevard de Sébastopol) eingerichtet.

In Deutschland ging die erste Lichtzeichenanlage mit dem Verkehrsturm am Potsdamer Platz in Berlin am 15. Dezember 1924 in Betrieb.

Frage: Darf bei einer auf grün geschalteten Ampel immer gefahren werden?

Nein, darf nicht. Häh, wieso nicht?

StVO § 11 Besonderer Verkehrslagen[48]

Stockt der Verkehr, darf trotz Vorfahrt oder grünem Lichtzeichen nicht in die Kreuzung oder Einmündung eingefahren werden, wenn auf dieser gewartet werden müsste.

Wie oft sehe ich das? Da wird noch schnell „über die Ampel" gefahren, ist ja noch grün, obwohl man sieht, es geht nicht weiter.
Also bleibt man zwangsläufig, zwar hinter der Ampel, aber leider mitten auf der Kreuzung im Gegenverkehr stehen, super!
Dann fangen die ersten an zu hupen. Der Gegenverkehr fährt auch los, keilt das stehende Fahrzeug schön ein und dann geht nichts mehr, Chaos, na toll.

Auch hier gilt, wie so oft, vorausschauend fahren ist besser!

---

[48] (StVO, § 11 Besondere Verkehrslagen 2019)

200

Frage: Wie ist das mit dem grünen Pfeil an Ampeln?

Hier war ich auch immer unsicher, wie man sich richtig verhält.

Da gibt es den grünen Pfeil als Schild und als Leuchtsignal.

Was sagt die StVO:

Der Grünpfeil ist nach der deutschen Straßenverkehrs-Ordnung gemäß

§ 37 Abs. 2 Nr. 1 Satz 8 bis 10 StVO[49]

eine „nicht leuchtende Ergänzung an Lichtzeichenanlagen", durch die die Wartezeit für Rechtsabbieger bei bestimmten Verkehrssituationen verkürzt wird.

Dargestellt wird er durch einen, nach rechts gerichteten, grünen Pfeil auf einem Zusatzschild mit schwarzem Untergrund rechts neben dem roten Licht der Ampel.

---

[49] (StVO, § 37 Abs. 2 Nr. 1, Satz 8 bis 10 2019)

Er erlaubt allen Fahrzeugen das Abbiegen
nach rechts trotz roten Lichtzeichens an einer
Ampel, wenn diese zuvor an der Haltlinie
angehalten haben und wenn eine Behinderung
oder Gefährdung anderer Verkehrsteilnehmer,
insbesondere des Fußgänger- und
Fahrzeugverkehrs der freigegebenen
Verkehrsrichtung, ausgeschlossen ist.

Es besteht keine Pflicht, die Erlaubnis des
Grünpfeils zu nutzen.
Allerdings finde ich, sollte jeder die Möglichkeit
auch nutzen, dafür ist das Zeichen ja da....

Manchmal ertappe ich mich selbst auch dabei,
dass ich diesen grünen Pfeil übersehe und
stehen bleibe.
Meistens hupt mich dann der Kollege hinter
mir aus meinen Träumen...

An unübersichtlichen Kreuzungen kann es nötig sein, nach dem Halt an der Haltelinie nochmals an der sog. Sichtlinie unmittelbar an der Kreuzungsmündung zu halten. Aber das ist ja auch bei jedem Stoppschild so. Halten an der Haltelinie, dann weiter vorfahren und wenn nötig an der Sichtlinie nochmal halten.

Einige andere Länder haben ähnliche Regelungen zum grünen Pfeil wie Deutschland.

In Frankreich und den Niederlanden gibt es zudem fahrradspezifische Grünpfeil-Regelungen.

Für Radfahrer wird dies jetzt aktuell in einigen Städten in ganz Deutschland auch z.B. in Köln getestet.

Generell ist dieser grüne Pfeil umstritten. Es gibt Statistiken, die besagen, dass die Unfallzahlen an Kreuzungen mit grünem Pfeil steigen.

Deshalb könnte die StVO evtl. in den nächsten Jahren dahingehend geändert werden, dass der grüne Pfeil eben nur noch für Radfahrer gilt. Das wäre mir auch egal, da gibt es spannendere Themen. Aber solange der Pfeil

da ist, sollte jeder auch Bescheid wissen, wie
er sich richtig verhält.

Nun zum leuchtenden Grünlicht.

Dieses ist im Gegensatz zum Schild „grüner
Pfeil" nicht neben dem Leuchtsignal rot,
sondern, nach unten versetzt angebracht, eben
neben dem Grün der Ampel.

Bei dem grünen Leuchtpfeil darf ich, ohne
anzuhalten rechts abbiegen, so einfach ist das.

Frage: Wie verhalte ich mich richtig beim Stoppschild?

Du kennst die Situation, wenig Zeit und dann ein Stoppschild vor der Zufahrt auf eine Hauptstraße.

Evtl. ist die Hauptstraße sogar frei, oder man will schnell in eine größere Lücke reinfahren, um eben schnell weg zu kommen, aber da ist ja noch dieses doofe Stoppschild...

Also rolle ich langsam ran und nutze die Lücke und schon kann es teuer werden.

Lt. StVO ist das Stoppschild das Verkehrszeichen Nr. 206

Lt. Anlage 2 der StVO gilt folgendes:

Zeichen 206 [50]
Halt. Vorfahrt gewähren.
Ge- oder Verbot

Wer ein Fahrzeug führt, muss anhalten und
Vorfahrt gewähren.

Wer ein Fahrzeug führt, darf bis zu 10 m vor
diesem Zeichen nicht halten, wenn es dadurch
verdeckt wird.

Ist keine Haltlinie (Zeichen 294) vorhanden, ist
dort anzuhalten, wo die andere Straße zu
übersehen ist.

Das wichtige Wort hierbei ist **„anhalten"**.

Lt. Duden bedeutet anhalten:

„Anhalten: zum Halten, zum Stillstand bringen,
stoppen"

Also, der Wagen muss stehen…ein langsames
Rollen gilt nicht.

In den Fahrschulen wird geleert nach dem
Anhalten zu zählen 21,22,23 und dann wieder
los.

---

[50] (StVO, Anlage 2, Abschnitt 1, lfd.Nr. 3, § 41 Absatz 1 2019)

Dies ist eine Empfehlung.

In der StVO steht vom Zählen nichts, aber wer damit besser klarkommt, kann das so machen. Anhalten, also das Fahrzeug kommt vollständig zum Stillstand reicht auch aus.

Wer das nicht macht, zahlt.
Je nachdem, ob Verkehrsteilnehmer gefährdet werden, oder es sogar zum Unfall kommt, liegt das Verwarngeld zwischen 10 und 120 € (dann auch verbunden mit einem Punkt in Flensburg).

Frage Wie verhalte ich mich richtig am Zebrastreifen?

Woher kommt der Begriff Zebrastreifen überhaupt?

Nach dem Zweiten Weltkrieg stieg die Zahl der Autos in Westdeutschland rapide.

Verkehrsregeln gab es nur wenige, im internationalen Vergleich aber die meisten Unfalltoten.

Die Gegenmaßnahme:

1953 wird der gestreifte "Fußgängerüberweg" in die Straßenverkehrsordnung aufgenommen - im Beamtendeutsch damals "Dickstrichkette" genannt.

Doch es kommt weiter zu vielen Unfällen. Das Verhalten an den neuen Überwegen ist noch nicht eingeübt.
Daraufhin startet das "Hamburger Abendblatt" des Verlegers Axel Springer am 24. April 1954 die "Aktion Zebra".

Die Zeitung unterstützt damit eine "Verkehrserziehungswoche" der Hamburger Polizei.

Hunderte Beamte postieren sich an Fußgängerüberwegen und notieren die Kennzeichen vorbildlicher Autofahrer.

Das Abendblatt veröffentlichte deren Namen und übergab ihnen für die Windschutzscheibe Plaketten, auf denen ein Zebra abgebildet war.

Denn "Zebra" ist die Abkürzung für "**Z**eichen **e**ines **b**esonders **r**ücksichtsvollen **A**utofahrers".

"Das Abendblatt hat damals massiv mit diesem Kurzbegriff geworben", sagt Berndt Röttger, stellvertretender Chefredakteur der Zeitung.

Diese „Zebra-Aktion" ist so gut angekommen, dass dadurch bundesweit der Begriff Zebrastreifen entstanden ist.

In der StVO ist das richtige Verhalten im § 26 Fußgängerüberwege geregelt.[51]

---

[51] (StVO, § 26 Fußgängerüberwege 2019)

Zusammengefasst steht da:

Fußgänger (und übrigens auch „fahrende"
Rollstühle), die den Überweg erkennbar
benutzen wollen, haben Vorrang.
Autos dürfen nur mit mäßiger Geschwindigkeit
heranfahren und müssen, wenn nötig
anhalten und warten bis der Fußgänger die
Straße überquert hat.
Grundsätzlich darf an Zebrastreifen nicht
überholt werden.

Bei Stau muss der Zebrastreifen frei bleiben.

Immer wieder gibt es Diskussionen oder
Unsicherheiten bei den Radfahrern unter uns.

Als Radfahrer hast Du kein Vorfahrtsrecht,
denn Du fährst ja Rad, bist somit kein
Fußgänger, klar oder?

Also heißt das absteigen vom Rad und
schieben...

Nach aktueller Rechtsprechung gilt man auch
als Fußgänger, wenn man als Radfahrer
absteigt und dann mit einem Fuß auf den
Pedalen steht und sich mit dem anderen Fuß
vom Boden abstößt, also das Rad wie ein
Tretroller benutzt.

Meinetwegen, allerdings scheren sich die meisten Radfahrer darum nicht und radeln über den Zebrastreifen. Hupt man diese dann an, sind sie beleidigt.

Ganz anders sieht es allerdings aus, wenn Du auf einen kombinierten Zebrastreifen mit Radweg stößt.

Bei mir vor der Haustür wurden gerade zwei neue Kreisverkehre gebaut mit dieser Kombi.

Da das die ersten kombinierten Zebrasteifen sind, die ich registriert habe, war ich auch erstmal irritiert, zumal die Beschilderung auch noch nicht vollständig ist...

So sieht das aus (nur bei mir eben als Kreis):

Bild: Hans-Joachim Eickmann,
Westfälischer Anzeiger Verlagsgesellschaft
mbH & Co. KG, Hamm

Das ist ein Bild aus der Stadt Werne.

Auf solchen Radwegen braucht der Radfahrer,
oder in dem Fall die Radfahrerin nicht
abzusteigen und hat Vorfahrt.

Warum macht man so etwas überhaupt?
Radfahren ist umweltfreundlich und gesund.

Städte geben damit einen Anreiz, das Rad statt
das Auto zu benutzen. Ich finde das gut.

Als Autofahrer muss man es einfach nur wissen. Das sind hier zwei getrennte Sachen, ein Zebrastreifen mit den entsprechenden Regeln und ein Radweg. Zufällig sind die nebeneinander, so einfach ist das...

Zur Beschilderung:

Grundsätzlich bräuchte ein einfacher Zebrastreifen gar nicht beschildert zu werden, da der Zebrastreifen selbst ein Verkehrszeichen ist.

Die Zebrastreifenzeichen verdeutlichen das Ganze nur.

Das Vorfahrtszeichen Nr. 205 und das Zusatzzeichen mit dem Rad und den beiden Pfeilen (Zusatzzeichen 1000-32 nach Anlage 2 der StVO) sind für den Radweg.
Die Pfeile auf dem Zusatzzeichen bedeuten übrigens, dass Radfahrer aus beiden Richtigen kommen können, also aufpassen!

Ganz schön anstrengend so ein Kreisverkehr mit einem kombinierten Zebrastreifen und Radweg.

Schulterblick, auf Fußgänger und auf Radfahrer von beiden Seiten achten, klar, dass hier die Geschwindigkeit runter muss...

Frage: Was sind denn da plötzlich für neue Verkehrsteilnehmer unterwegs: E-Scooter Fahrer?

Nachdem der Gesetzgeber die Nutzung der E-Scooter freigegeben hat, gründen sich Start Up-Unternehmen und verleihen E-Scooter. In jeder größeren Stadt sind mehrere Anbieter zu finden.

Auf den ersten Blick super. Wenn die Scooter fahren, verursachen die keine Schadstoffe.

Schaut man allerdings genauer hin, gibt es Nachteile.

Ein neuer Verkehrsteilnehmer auf Radwegen oder auf der Straße, allerdings nicht mehr Platz als vorher. Also, es wird noch enger als es jetzt schon ist.

Dann stell ich mir die Frage, wie haben sich die Menschen, die nun Scooter fahren vorher fortbewegt?

Sind die mit dem Auto gefahren, dann wäre es ja gut.

Oder sind die gelaufen, oder mit dem normalen Fahrrad gefahren (ohne Motor) und jetzt ist das eben hip, cool und nicht so anstrengend mit so einem Scooter?
Dann wäre das nämlich schlecht.

In Frankreich liegen, aufgrund längerer Erfahrung, eindeutige Zahlen vor. Eine Agentur befragte 4300 Scooternutzer.

47 % wären ohne Scooter zu Fuß gegangen

29 % wären ohne Scooter mit
öffentlichen Verkehrsmittel unterwegs
gewesen

9 % wären mit dem Fahrrad gefahren

8 % hätten Taxi oder Auto benutzt
7 % haben wohl rechnerisch keine Angaben
gemacht

Ich finde diese Zahlen erschreckend und auch das Umweltbundesamt sieht die Scooter in Deutschland kritisch.

Des Weiteren kommt noch ein negativer Aspekt dazu.

Diese Scooter müssen ja jeden Tag eingesammelt, geladen und wieder in der Stadt verteilt werden...

In Berlin z. B. gibt es mehrere Anbieter solcher Leihroller.

Der Eine fährt ab 22:00 Uhr mit 20 Transportern (dieselbetrieben) durch die Stadt sammelt die Scooter ein, um diese dann zentral (in Berlin Spandau) zu laden.

Nach der Ladezeit werden die vollen Scooter mit den Transportern wieder in der Stadt verteilt. 365 Tage im Jahr.

Meiner Meinung nach, wird die Umweltbelastung, die durch den Betrieb der Scooter gespart wird, durch den Betrieb der Transporter sogar ins Negative umgekehrt.

Ein anderer Anbieter ist nicht besser.

Hier sammeln Privatleute (gegen ein kleines „Ladeentgeld") mit ihrem eigenen Auto diese Scooter ein, laden die bei sich zu Hause, und stellen die vollen Scooter wieder an den Sammelplätzen ab.

Auch hier ist höchstwahrscheinlich selten ein E-Auto dabei, welches die Scooter einsammelt und wieder verteilt.
Die Umweltbilanz ist auch hier mehr als fragwürdig.

Aus meiner Sicht ist es die einzige Chance auch die Abholung mit E-Transportern zu organisieren, sonst werden diese Unternehmen Kunden wieder verlieren...

Frage: Wie schnell darf ich denn wo fahren?

Was steht in der StVO zu diesem Thema?

StVO § 3 Geschwindigkeit[52]

(1) Wer ein Fahrzeug führt, darf nur so schnell fahren, dass das Fahrzeug ständig beherrscht wird. Die Geschwindigkeit ist insbesondere den Straßen-, Verkehrs-, Sicht- und Wetterverhältnissen sowie den persönlichen Fähigkeiten und den Eigenschaften von Fahrzeug und Ladung anzupassen. Beträgt die Sichtweite durch Nebel, Schneefall oder Regen weniger als 50 m, darf nicht schneller als 50 km/h gefahren werden, wenn nicht eine geringere Geschwindigkeit geboten ist. Es darf nur so schnell gefahren werden, dass innerhalb der übersehbaren Strecke gehalten werden kann. Auf Fahrbahnen, die so schmal sind, dass dort entgegenkommende Fahrzeuge gefährdet werden könnten, muss jedoch so langsam gefahren werden, dass mindestens innerhalb der Hälfte der übersehbaren Strecke gehalten werden kann.

---

[52] (StVO, § 3 Geschwindigkeit 2019)

(2) Ohne triftigen Grund dürfen Kraftfahrzeuge nicht so langsam fahren, dass sie den Verkehrsfluss behindern.

(2a) Wer ein Fahrzeug führt, muss sich gegenüber Kindern, hilfsbedürftigen und älteren Menschen, insbesondere durch Verminderung der Fahrgeschwindigkeit und durch Bremsbereitschaft, so verhalten, dass eine Gefährdung dieser Verkehrsteilnehmer ausgeschlossen ist.

Im Weiteren wird geregelt, dass innerorts Kraftfahrzeuge bei idealen Verhältnissen 50 km/h schnell fahren dürfen.

Das hat man ja noch in der Fahrschule gelernt und außerorts darf man halt 100 km/h schnell fahren.

Dies bezieht sich allerdings nur auf Pkw ohne Anhänger.

Und schon folgen Einschränkungen für Fahrzeuge zw. 3,5 t bis zu 7,5 t, leere Omnibusse und Fahrzeuge mit Anhänger unter 7,5 t, die dürfen nämlich nur 80 km/h fahren.

LKW über 7,5 t und Omnibusse in denen Fahrgäste stehen müssen, da keine Sitzplätze mehr da sind, dürfen außerorts nur 60 km/h schnell fahren.

Das war mir irgendwie nicht so wirklich bekannt...

Für Autobahnen gibt es, man glaubt es kaum, eine Autobahnen-Richtgeschwindigkeits-Verordnung aus dem Jahre 1978.

Genau heißt die:

Verordnung über eine allgemeine Richtgeschwindigkeit auf Autobahnen und ähnlichen Straßen (Autobahn-Richtgeschwindigkeits-V)

Auf die, in dieser Verordnung angegebenen „ähnlichen Straßen" möchte ich nicht weiter eingehen, um das Ganze nicht noch mehr zu verkomplizieren.

Wer das nachlesen möchte, viel Spaß! Dazu zählt nämlich auch eine Richtlinie für Markierung von Straßen RMS ...super spannendes Thema, könnte ich ja in einem meiner nächsten Bücher näher beschreiben (haha...war nur Spaß).

Die zentrale Aussage dieser Verordnung ist, dass eine Geschwindigkeit von 130 km/h auf deutschen Autobahnen empfohlen wird, als Richtgeschwindigkeit, wenn keine anderen Verkehrszeichen da sind.

LKW dürfen auf Autobahnen generell nur 80 km/h schnell fahren, was leider nicht jeder LKW-Fahrer beachtet.

Im internationalen Vergleich sind deutsche Autobahnen weltweit legendär.

Wo in fast jedem anderen Land der Welt durchgängig strikte Tempolimits gelten, darf auf vielen deutschen Autobahnabschnitten noch unbegrenzt schnell gefahren werden.

Du solltest jedoch bei schneller Fahrt beachten, dass im Falle eines Unfalles lt. aktueller Rechtsprechung, eine rechtliche Mitverantwortung angenommen werden kann, wenn Du schneller als die Richtgeschwindigkeit von 130 km/h unterwegs bist.

In Deutschland gelten auf Teilabschnitten, die beispielsweise ein hohes Unfall- und Gefährdungspotential bergen, dauerhafte oder temporäre Geschwindigkeitsbegrenzungen.

Doch sind heute noch rund 60 % aller Autobahnkilometer unbeschränkt schnell zu befahren.

Dies wird aus den Angaben der Bundesanstalt für Straßenwesen (BASt) mit Sitz in Bergisch Gladbach deutlich:[53]

---

[53] (Baustelleninformationssystem des Bundes und der Länder, BASt 2020)

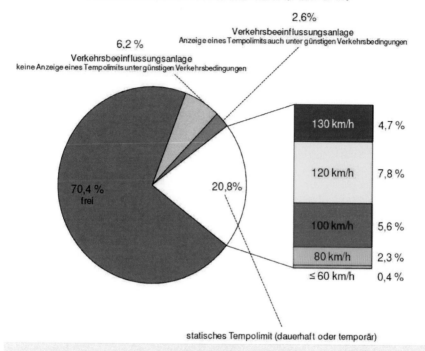

Anteile verschiedener Tempolimitregelungen und -höhen auf Bundesautobahnen ohne Arbeitsstellen (Stand 2015)

2,6%
Verkehrsbeeinflussungsanlage
Anzeige eines Tempolimits auch unter günstigen Verkehrsbedingungen

6,2 %
Verkehrsbeeinflussungsanlage
keine Anzeige eines Tempolimits unter günstigen Verkehrsbedingungen

70,4 %
frei

20,8%

130 km/h	4,7 %
120 km/h	7,8 %
100 km/h	5,6 %
80 km/h	2,3 %
≤ 60 km/h	0,4 %

statisches Tempolimit (dauerhaft oder temporär)

Abbildung 1: Gesamtlänge
Richtungsfahrbahnen BAB: 25.767 km
Die hier angegebenen rund 70 % sind ohne
sog. Arbeitsstellen, also Baustellen. Diese
Baustellen wurden 2015 auf ca. 10 %
berechnet. Somit ergeben sich rechnerisch die
60%. Wie gesagt alle Zahlen sind aus dem
Jahr 2015.

Diese Zahlen will ich nicht in Frage stellen, allerdings bin ich ja überwiegend in NRW unterwegs.

Heute in 2019 ist mein subjektives Empfinden etwas anders.

Hier würde ich sagen, dass 90 % der Autobahnkilometer mit Tempolimits behaftet sind. Und dies wird von Jahr zu Jahr schlimmer...

Vielleicht liegt das aber auch nur an den derzeit vielen Baustellen in NRW. Zum Thema Baustellen komme ich später nochmal...

Zu hohe Geschwindigkeit oder nicht angepasste Geschwindigkeit sind aus meiner Sicht die häufigsten Unfallursachen auf deutschen Autobahn.

Wie bekommt man die Leute nun dazu, dies zu ändern?

Aus meiner Sicht gibt es zwei Möglichkeiten:

Zum einen über das Thema Geld und Strafen. Hier werden ja regelmäßig die Bußgelder angepasst nach oben, was ich grundsätzlich auch richtig finde.

Allerdings wird hier aus meiner Sicht, auch wenn das unpopulär klingt, zu wenig kontrolliert.

Und dann wird immer der, der mal unbeabsichtigter Weise, im Stress ist, geblitzt oder kontrolliert.

Der notorische Drängler und Raser kommt meist ungeschoren davon. Zumindest habe ich immer den Eindruck, wenn ein z. B. Porsche Fahrer bei zugelassenen 120 mit 200 km/h an mir verbeirast....

Wie meine Friseurin, Alter ca. 45. Die erzählte, dass sie zwei Monate keine Fleppe hatte.

Grund: Sie fuhr bei zulässigen 80, 168 km/h. Zwei Monate Führerschein weg und eine saftige Geldstrafe. Krass!
Ich fragte dann, ob sie nun daraus gelernt hat und ihr Verhalten jetzt anders ist...

Sie antwortete:

"Ja, jetzt fahr ich nur noch 20-30 km/h schneller als erlaubt auf Autobahnen, da ich leidenschaftlich gern Auto fahre und aus meiner Sicht ja keinen anderen gefährde. Ich fahre seit 30 Jahren unfallfrei".

Da fällt mir nichts mehr viel zu ein „Haare schneiden kann sie gut", dachte ich nur...

Zum anderen ist eben die Aufklärung und die Einsicht, sein eigenes Verhalten zu ändern, eine Möglichkeit.

Die großen Bilder, die man auf der Autobahn sieht, wo Angehörige weinen, Kinder ihren Papa vermissen, weil er eine SMS (heute eine WhatsApp Nachricht) während der Fahrt geschrieben hat, oder zu schnell gefahren ist und nun tödlich verunglückt ist, wirken.

Zumindest geht es mir so. Wenn ich diese Bilder sehe, denke ich nach und möchte nicht der Grund für das nächste Bild sein.

Und dann immer wieder diese schweren Auffahrunfälle auf Autobahnen durch LKW/Pkw verursacht, die aufs Stauende auffahren. Hier spielt natürlich die zu hohe Geschwindigkeit eine wesentliche Rolle. Ein Horrorszenario für jeden Autofahrer, das ich ja wie zuvor beschrieben schon selbst erlebt habe.

Zeichen 274[54]
„Zulässige Höchstgeschwindigkeit"

Wenn ich früher an so einem sogenannten Vorschriftszeichen vorbeigefahren bin, habe ich es entweder übersehen, ignoriert oder im günstigsten Fall drüber nachgedacht: „...war das gerade ein 60 Schild?" (natürlich ohne zu bremsen...).

Entweder wurde ich dann von einem vorausfahrenden Autofahrer, der sich dann dran gehalten hatte eingebremst, oder eben nicht...

Heute versuche ich diese Schilder nicht zu übersehen und mich einfach dran zu halten. Das ist manchmal gar nicht so einfach, weil es eben wenige tun.

---

[54] (StVO, Anlage 2, Abschnitt 7, lfd.Nr. 49, § 41 Absatz 1 2019)

Zu Beginn meines Wandels hatte ich beim Autofahren jeden Tag eine Geschwindigkeits-App mitlaufen, die wusste, wie schnell man auf der jeweiligen Straße fahren durfte (meistens stimmte das auch, manchmal aber auch nicht, also musste ich trotzdem aufpassen...)

Ich hatte in dieser App eine Toleranz von 5 km/h über der vorgeschriebenen Geschwindigkeit eingestellt (die App misst per GPS und hat keine Tachoabweichung).

Und wenn ich dann diese Toleranz überschritt, ertönte ein schriller Warnton.

Geil, dieser Ton. Meine Frau bekam immer voll die Krise, wenn sie neben mir saß. Auch ein Grund vernünftig zu fahren, damit sie sich nicht aufregte...
Natürlich nervte mich der Ton auch, deshalb hatte ich diesen ja auch eingestellt. Also versuchte ich, diesen Ton zu vermeiden. Kam der Ton doch, wurde ich daran erinnert langsamer zu fahren und ich hatte mein Ziel erreicht...
Heute brauche ich diese App nicht mehr, es klappt auch so.

Gerade fiel das Wort Tachoabweichung. Ja, jedes Auto hat eine Tachoabweichung und zwar immer nach oben. So will es der Gesetzgeber.

Dazu gibt es sogar eine EU Richtlinie, die vorschreibt, dass die angezeigte Geschwindigkeit auf dem Tacho nie unter der tatsächlichen Geschwindigkeit liegen darf.

Fährst Du also genau nach Tacho, bist Du immer auf der sicheren Seite was Blitzer angeht, allerdings bist Du dann auch immer etwas langsamer als zulässig unterwegs.

Manchmal nervt es mich, wenn vor mir jemand 47 statt 50 km/h fährt. Das kann dann genau an dieser Tachoabweichung liegen.

Die Tachoabweichung ist bei jedem Fahrzeug anders, sogar Motorräder haben eine.

Dann ist die Abweichung auch noch abhängig von der Höhe der Geschwindigkeit.

Bei meinem Auto habe ich die Abweichung über eine Tachoapp bei 50, 60, 70, 80, 100, 120 und 130 gemessen.

Und manchmal gibt es ja auch so Anzeigetafeln wo steht: Sie fahren gerade...km/h.

Also Beispiel:

Fahre ich bei 50 km/h lt. Tacho, tatsächlich 48 km/h, bei 120 km/h lt. Tacho, tatsächlich 116 km/h.

Da mich das ja selber nervt und ich oft mit Tempomat fahre, stelle ich dann eben bei erlaubten 50, 54 ein, bei 120, 126 ein.

Wer nachrechnet, stellt fest, dass ich ja dann tatsächlich 2 km/h schneller als erlaubt fahre. Ok, erwischt!
Dazu will ich niemanden verleiten, schneller zu fahren als erlaubt. Das kannst Du flexibel handhaben und eben dann genau Deine Tachoabweichung ausgleichen.

Auf jeden Fall bist Du dann kein Bremsklotz für andere...

Vor Baustellen wird oft mit Schildern frühzeitig auf 100 bzw. 80 reduziert. Ich versuche dann natürlich auf die rechte Spur zu fahren, um dann die Geschwindigkeit langsam (nicht ruckartig) zu reduzieren.

Sollte ich allerdings auf der mittleren Spur in die Baustelle einfahren, reduziere ich auch das Tempo langsam auf 80 km/h.

Oft überholen mich dann LKW rechts, da die sich halt nicht an 80 km/h halten, aber das ist mir egal.

Ich kann ja auch nichts machen. Soll ich dann wegen denen auch schneller fahren als erlaubt...nein.

Wenn sich natürlich die Möglichkeit ergibt nach rechts zu wechseln, tue ich das auch, klar.

Links rasen sowieso die meisten an mir vorbei, auch in der Baustelle, da kann ich heute nur noch mit dem Kopf schütteln.

Da es in den Baustellen so eng ist, zuckt meine Frau auf dem Beifahrersitz immer zusammen, wenn ich an einem LKW vorbeifahre. Sie hält sich dann immer verkrampft am Türgriff fest...als wenn das im Ernstfall was bringen würde, aber egal.

Welche Geschwindigkeitsbeschränkungen ich lange nicht verstanden habe, sind diese hier:

Zeichen: 274 und Zusatzzeichen zu 274[55]
Die 60 ist beliebig austauschbar gegen 80,
100, usw.
Was mich immer wundert, man fährt auf einer
Autobahn auf einem Abschnitt, wo es keine
Geschwindigkeitsbeschränkung gibt und
plötzlich taucht wie aus dem Nichts so ein
Schild auf mit z. B. 100 bei Nässe.

---

[55] (StVO, Anlage 2, Abschnitt 7,lfd.Nr. 49 u.49.1, §41 StVO, Absatz 1
2019)

Ohne, dass sich erkennbar der Fahrbahnbelag geändert hat, wie kann das sein?

„100 bei Nässe" steht beispielsweise auf Autobahnen oder an Landstraßen, wenn bei Regen Aquaplaning droht oder der Straßenbelag rutschig werden könnte.

Nur: Wie ist Nässe definiert?

Muss es sturzbachartig regnen oder ist schon ein leichter Sommerregen ein Grund, das Tempo zu drosseln?

Ein Blick in die StVO hilft nicht wirklich weiter.

Darin heißt es lediglich, das Zusatzzeichen "bei Nässe" verbiete es, "bei nasser Fahrbahn die angegebene Geschwindigkeit zu überschreiten."

Das lässt Raum für Interpretationen und hier ist dann die Rechtsprechung gefragt.
Der Bundesgerichtshof hat bereits 1977 für Klarheit gesorgt. "Bloße Feuchtigkeit" sei noch keine Nässe, fanden die Richter.[56]

---

[56] (BGH Bundesgerichtshof, Urteil vom 20.12.1977, Az. 4 StR 560/77, dejure.org Rechtsinformationssysteme GmbH 1977)

Die Fahrbahn sei dann nass, wenn sich auf ihrer gesamten Oberfläche ein erkennbarer Wasserfilm gebildet habe, der könne dann aber auch dünn sein.

Und auch wenn ein warmer Sommerregen gleich wieder verdampft, kann man normalerweise nicht von einer nassen Fahrbahn ausgehen.

Dagegen ist es ein sicheres Zeichen zum Runterbremsen, wenn die anderen Fahrzeuge Wasser aufwirbeln oder wenn der Regen die Sicht beschränkt.

In der Regel gelten diese Tempolimits nur auf kurzen Streckenabschnitten.

Meist handelt es sich um besonders kurvige Straßen.

Das hat bauliche Gründe:

Auf der Verbindung zwischen S-förmigen Kurven gibt es Stellen, in denen die Fahrbahn nicht geneigt ist, das Wasser kann also nicht abfließen. Das bedeutet erhöhte Aquaplaning-Gefahr.

Auch bei Spurrillen oder bei altem, plattgefahrenem Asphalt ist das Risiko hoch, den Wagen nicht mehr steuern zu können.

Helfen könnte da ein Fahrbahnumbau oder offenporiger Flüsterasphalt.
Doch solche Maßnahmen sind teuer und deshalb gibt es meistens einfach nur ein Tempolimit.

Daran solltest Du Dich dann auch im eigenen Interesse halten.

Aber auch Regen oder schlechte Sicht hält manche nicht vom Rasen ab.

Gerade letzten Sonntag, es war Ende September 2019, hatte ich meine Regenfahrt des Jahrhunderts. Ich nenne es die "Regenschlacht von Cuxhaven".

Alles begann damit, dass Regen und Wind angesagt waren und meine Frau in den Urlaub nach Cuxhaven aufbrach, mit Ihrem geliebten Seat Ibiza.
Der Wagen ist noch gar nicht so alt, aber muckt seit Wochen irgendwie motortechnisch rum und ruckelt ständig.

Erste Reparaturversuche brachten nicht den erhofften Erfolg. Lange Rede, kurzer Sinn, sie

fuhr los, und drehte nach 50 von 320 km
wieder völlig verzweifelt um.
Sie hatte Angst, dass das Auto, evtl. sogar
beim Überholen auf der Autobahn verreckt.

Also, packten wir den Koffer um und ich fuhr
sie spontan nach Cuxhaven.

Die Hinfahrt war im Gegensatz zur Rückfahrt
ein Kinderspiel. Es regnete zwar und dann die
vielen Baustellen, aber es war ja noch hell.

So gegen 19:00 Uhr trat ich dann allein die
Rückfahrt an. Es schüttete mittlerweile wie
aus Eimern und natürlich wurde es immer
dunkler.

Irgendwie fand ich mich später (bei Vechta) auf
der A1 in einer endlos langen Baustelle wieder.

Der rechte Streifen der Baustelle war auf den
Standstreifen verlegt worden. Der weiße
Trennstreifen wurde knapp daneben von
einem dünnen gelben Baustellenstreifen
begleitet (wenn sich dieser nicht schon
abgelöst hatte...).

Wie gesagt, es schüttete wie aus Eimern. Die
Gischt und die Blendung durch die
Scheinwerfer der Gegenfahrbahn, reduzierten
meine Sicht auf null.

Ich fragte mich, wo bin ich und was tue ich hier...und das alles bei ca. 60 km/h.

Aber das machte keinen Unterschied ob 60, 80, oder nur 40 km/h, ich sah ja eh nichts.

Ich fühlte mich wie in Trance, als wenn ich mir selbst aus einem Paralleluniversum zu gesehen hätte...

Ich überlegte, ob ich nicht einfach mitten auf der Fahrbahn anhalten, aussteigen und auf trockenes, sonniges Wetter warten sollte...

Es war echt Wahnsinn, ich hab ja schon viel unterwegs erlebt, aber das war die Krönung. Die wirkliche Krönung war allerdings, dass mich in dieser Situation auch noch Autos auf der linken Spur überholten.
Ich fragte mich, ob die mehr sahen als ich?
Oder hatten die vielleicht außerirdische Techniken im Einsatz, die Regen auflösen konnten, oder waren es gar gleich Außerirdische selbst, die in den Autos saßen?
Wo wir wieder bei dem Paralleluniversum von gerade angekommen wären...

Irgendwann tauchte am Horizont das Kamener Kreuz auf – mein Zuhause- ich hatte es geschafft.

Am nächsten Tag erfuhr ich, es waren keine Außerirdischen, es war Mortimer, der uns alle heimsuchte...

Mortimer wurde das Sturmtief mit Starkregen und Orkanböen genannt, welches am Montag dann dazu führte, dass der gesamte Bahnverkehr in Niedersachsen eingestellt wurde. Bei uns in Dortmund führte er dazu, dass die Feuerwehr in der Nacht von Sonntag auf Montag über 300 Schafe von einer überfluteten Wiese vor dem sicheren Ertrinken retten musste...

Genau der richtige Zeitpunkt, um mal eben nach Cuxhaven zu fahren...

Im Nachhinein habe ich in dieser kritischen Situation leider auch noch falsch reagiert. Richtig wäre gewesen, den nächst möglichen Parkplatz/Rastplatz anzusteuern und wirklich abzuwarten, bis sich das Wetter gebessert hätte.

Ich kann nur froh sein, dass ich keinen Unfall gebaut habe, nochmal passiert mir das nicht.

Damit Du keinen falschen Eindruck von mir bekommst. Wenn es mal nicht aus Eimern regnet, fahre ich auch gern mal schnell.

Aber nur, wenn verschiedene Faktoren zusammenkommen.

- Es muss erlaubt sein, also keine Geschwindigkeitsbeschränkung bestehen,

- Ich muss körperlich und geistig 100% fit sein.
  Also ich sollte nicht über irgendwas nachgrübeln oder telefonieren (auch mit Freisprechanlage bin ich abgelenkt).
  Natürlich sollte ich auch keine starken Kopfschmerzen haben, oder eben müde sein (dann mache ich lieber eine Pause, als schnell fahren).

- dann muss es natürlich die Verkehrssituation zulassen. Wenn der Verkehr zu dicht ist, fahr ich nicht schnell.

Bei mir gibt es drei Geschwindigkeitsstufen.

Stufe 1:

„Reisegeschwindigkeit" bis 160 km/ h

Mit meiner Frau habe ich vereinbart, wenn sie mit drinsitzt, überschreite ich die 160 km/h nicht. Manchmal muss man eben, der Liebe wegen, harte Kompromisse eingehen...

Stufe 2:

„Schnell" zw. 160 – 180 km/h und

Stufe 3:

„Gib alles", 180 km/h- Ende offen.

Einmal, an einem Sonntag war ich auf dem Weg nach Usedom in den Urlaub. Auf einer dreispurigen Autobahn unterwegs und fast völlig allein auf der Straße.
Ich war fit und hier konnte ich mal richtig Gas geben, also Stufe 3.

Zu der Zeit fuhr ich einen BMW Zweier Aktive Tourer, der mit 212 in den Papieren als Höchstgeschwindigkeit angegeben war.

Da wollen wir doch mal sehen, ob das auch stimmt, dachte ich mir und trat aufs Gas.

Als ich das Gaspedal ganz durchgetreten hatte, stand auf dem Tacho tatsächlich 212 ganz genau.

Irgendwie kam ich in dem Moment auf die Idee, meinen Tempomaten einzuschalten. Und über den Tempomat kann man ja auch beschleunigen. Dies tat ich dann, einen Tipp und Zack war ich bei 220 laut Tacho.

Natürlich ich wunderte mich, da der Wagen normalerweise nur 212 fahren sollte.

Ich überlegte kurz und tippte den Tempomat noch mal nach oben.

Am Ende war der Tacho bei 230 und stieg nicht mehr...

Ich erschrak mich und dachte kurz darüber nach, ob das wohl für den Motor gut oder schlecht sei.

Egal, ich genoss diese schnelle Fahrt. Wie gesagt, die Straße war völlig frei und ich war fit.

Nach einer gewissen Zeit wurde mir das allerdings zu anstrengend und ich fuhr wieder mit normaler Geschwindigkeit weiter.

Nach meinem Urlaub fuhr ich dann mal zur BMW Werkstatt und schilderte diese Geschichte, um einfach zu hinterfragen, ob das denn normal sei.

Der Servicetechniker hatte so etwas noch nie gehört und wollte mal in der Zentrale in München nachfragen. Auf eine Antwort warte ich allerdings heute noch.
Mit meinem jetzigen Audi A4, der ist mit 213 km/h angegeben, werde ich dies auch mal ausprobieren.

Es ergab sich allerdings bis jetzt noch nicht die passende Gelegenheit dazu.

Ein Beispiel, was bei Stufe drei alles so passieren kann:
Diesmal eine zweispurige Autobahn am Samstagabend Richtung Osnabrück, ich glaube die A31.

Auf der linken Spur mit 200 km/h unterwegs, sehe ich von weitem rechts einen PKW, der sich dem weit und breit einzigen LKW vor ihm nähert.

Ich komme näher, der PKW bleibt rechts, ich denke ok.

Dann setzte ich mal frühzeitig den Blinker nach links, um ihm zu zeigen: „Kollege, ich bin schneller als Du...bleib wo Du bist!"

Kurz bevor ich ihn erreiche, bei der Geschwindigkeit schwer zu schätzen, vielleicht 100 m, setzt der PKW Fahrer den Blinker nach links.

In dem Moment ging mir alles durch den Kopf...Zieht der jetzt raus, ist der Tag gelaufen. Hat der mich nicht gesehen? Bremsen wäre nicht mehr möglich gewesen.

Fast in Schockstarre bin ich vom Gas gegangen und konnte nur hoffen, dass nichts passiert.
Ich flog dann mit 190 an ihm vorbei und beobachtete im Rückspiegel, dass er, als ich vorbei war, rauszog....

Mann oh Mann, bitte den Blinker erst dann setzen, wenn Du auch wirklich überholen kannst. Das war echt knapp am Crash vorbei...

Möglichkeiten so schnell zu fahren, habe ich äußerst selten, da ich ja überwiegend im Stauland Nummer eins NRW unterwegs bin.

Frage: Was bringt ein Tempolimit?

Gerade (Januar 2019) wird mal wieder das Thema „generelles Tempolimit auf Autobahnen von 130 km/h" in der Politik und Gesellschaft diskutiert.

Und ich hab lange darüber nachgedacht, wie ich dazu stehe.

Ich hab mir viele Expertenmeinungen angehört.

Die Befürworter sagen, dass zum einen die Sicherheit erhöht (weniger Verkehrstote) und die Umwelt geschont wird (weniger CO_2 Ausstoß).

Die Gegner sagen genau das Gegenteil, kein „Mehr" an Sicherheit, und nur ein geringer Nutzen für die Umwelt.

Diese Diskussion wird sehr emotional und irrational geführt. „Freie Fahrt für freie Bürger", war mal ein Slogan der Vergangenheit.

Das Auto, des Deutschen liebstes Kind, ein Heiligtum, dass nicht angetastet werden darf.

Die Partei Bündnis90/Die Grünen fordern z. B. seit Jahren ein Tempolimit.

Cem Özdemir (Ehem. Bundesvorsitzender) sagte im ARD Morgenmagazin am 22.01.2019, ihm sei bewusst, dass seine Partei mit ihrer Forderung und solchen Argumenten keine Mehrheit habe.

Zitat: "Ich weiß, das ist in Deutschland so, als wenn Sie für Männer eine Art amtlich verfügte Potenzminderung durchsetzen würden."[57]

---

[57] (Zitat Cem Oezdemir im ARD Morgenmagazin vom 22.01.2019 2019)

https://www.tagesschau.de/multimedia/video
/video-496753.html

Ich habe versucht, für mich ganz sachlich da ran zu gehen und wirklich nach Fakten zu entscheiden.

Wie gesagt, ich fahre auch gern mal schnell, aber dies hat meine Entscheidung nicht beeinflusst.

Stichwort: Ein Tempolimit für die Umwelt

Also Umwelt ist wichtig für mich. Auf das Auto bezogen, weiß ich, dass ein normales Auto grundsätzlich ein Umweltverpester ist, egal wie schnell es fährt.

Also besser Fahrrad fahren für die Umwelt, na klar, mach ich auch privat, aber beruflich geht es eben bei mir nicht.

Wenn man sich nun intensiv damit beschäftigt, wieviel CO2 man denn sparen würde bei einem Tempolimit, wird es schwierig mit dem Datenmaterial.

Da gibt es eine Studie vom Umweltbundesamt aus dem Jahre 1999. Aufgrund der alten Daten, ist das für mich nur begrenzt aussagefähig.

Über neuere Zahlen berichtete BR24(„Faktenfuchs") am 19.02.2019:[58]

Auszug aus dem Bericht:

Neuere Zahlen zur CO2-Einsparung liefert das Handbuch für Emissionsfaktoren für Straßenverkehr (HBEFA). Das ist eine europäische Datenbank, die das Öko-Institut und das International Council on Clean Transportation im Rahmen einer Studie zu Klimaschutz im Verkehr ausgewertet haben. Auftraggeber war die Denkfabrik Agora Verkehrswende, die anstrebt, dass der Verkehr bis 2050 ganz ohne Kohlenstoff

---

[58] (BR 24 Faktenfuchs-Artikel "Was bringt ein Autobahn-Tempolimit für die Umwelt?", Autor Bernd Oswald 2019)

auskommt. Basierend auf Daten aus dem HBEFA 3.2 aus dem Jahr 2014 kommen die Forscher zu dem Schluss, dass ein Tempolimit von 130 km/h auf Autobahnen ab dem Jahr 2020 die CO2-Emissionen des gesamten Auto-Verkehrs in Deutschland um 1,1 bis 1,6 Prozent senken würde. 1,1 Prozent Minderung unter der Annahme, dass 50 Prozent der Autobahnstrecken ohne Tempolimit befahrbar sind, 1,6 Prozent Minderung unter der Annahme, dass auf 70 Prozent der Strecken kein Tempolimit gilt, es also mehr Strecken gibt, auf denen man so schnell fahren darf, wie man will.

Einsparungspotential bis zu 0,2 Prozent der CO2-Emissionen

Derzeit haben laut Bundesverkehrsminister Scheuer 30 Prozent der Autobahn-Kilometer ein Tempolimit und demzufolge 70 Prozent kein Tempolimit. Insofern wäre ein Einsparpotenzial von 1,6 Prozent also das realitätsnähere Szenario. Da der CO2-Ausstoß von Autos in Deutschland 2017 bei ziemlich genau 100 Millionen Tonnen lag, entsprächen 1,1 Prozent etwa 1,1 Millionen Tonnen und 1,6 Prozent etwa 1,6 Millionen Tonnen CO2. Wenn man den gesamten CO2-Ausstoß Deutschlands von 798 Millionen Tonnen zugrunde legt, würden durch ein Tempolimit von 130 km/h also zwischen 0,14 und 0,20 Prozent der deutschen CO2-Emissionen eingespart. Die UBA-Studie, auf die sich Verkehrsminister Scheuer bezieht, hatte von 0,3 Prozent CO2-Einsparung gesprochen, allerdings bei einem Tempolimit von 120 statt 130 km/h. Auch die neueren Zahlen liegen also in der gleichen Größenordnung wie die aus der alten UBA-Studie.

Hier der ganze Bericht, siehe Link:

https://www.br.de/nachrichten/wissen/fakte
nfuchs-was-bringt-ein-autobahn-tempolimit-
fuer-die-umwelt,RGdL00H

Diese 1,6 Mil. Tonnen hören sich erstmal viel an.
Allerdings fallen jährlich in Deutschland fast 800 Millionen Tonnen CO_2 insgesamt an.

Somit entsprechen diese 1,6 Millionen Tonnen ca. 0,2 % Einsparung.

Im weltweitem Vergleich sind unsere, fast 800 Millionen Tonnen ca. 2 % des Weltanteils an CO_2.

Zum Vergleich verursachen nur die beiden Länder China und USA zusammen ca. 42 % des weltweiten CO2 Anteils.[59]

Das heißt nicht, dass wir in Deutschland nichts tun sollen fürs Klima, aber das Tempolimit ist für mich hier nicht der richtige Weg.

Stichwort: Mehr Sicherheit durch das Tempolimit

Meiner Meinung nach passieren die Unfälle nicht, weil man schneller als 130 km/h fährt, sondern weil man mit nicht angepasster Geschwindigkeit und mit zu wenig Abstand fährt. Und viele halten sich generell nicht an Geschwindigkeitsbeschränkungen, die ja oft bereits bestehen, oder missachten andere Verkehrsregeln. Dies sind meiner Meinung nach Gründe für viele Unfälle.

---

[59] (Statista GmbH, Die zehn größten CO2-emittierenden Länder nach Anteil an den weltweiten CO2-Emissionen im Jahr 2018, Autor A. Breitkopf 2019)

Wenn man sich in Europa umschaut, sind wir in Deutschland das einzige Land, ohne Tempolimit.[60]

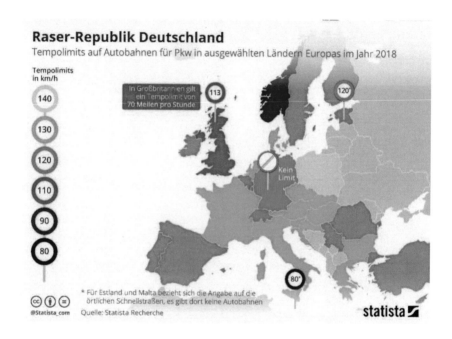

Betrachtest Du allerdings die zweite Statistik über die Verkehrstoten in Europa wird es deutlich, dass auch hier das Tempolimit nicht entscheidend ist.[61]

---

[60] (Statista GmbH, "Raser-Republik Deutschland" von Matthias Janson 2019)
[61] (Statista GmbH, Daten aus Bericht von Andreas Ahlswede aus April 2019, Grafik: Natalie Rumpf 2019)

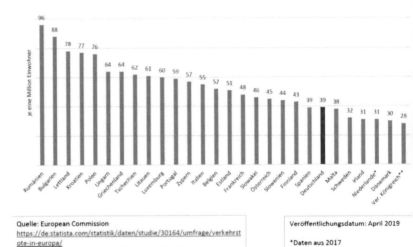

Verkehrstote in den Ländern Europas in 2018

Quelle: European Commission
https://de.statista.com/statistik/daten/studie/30164/umfrage/verkehrst
ote-in-europa/
https://ec.europa.eu/commission/presscorner/detail/en/MEMO_19_19

Veröffentlichungsdatum: April 2019

*Daten aus 2017
**Schätzung

Auch hier kann man bei den Verkehrstoten
wieder beides ableiten, Niederlande, Schweden
und Dänemark haben geringere Todeszahlen,
Spanien, Italien, Belgien wiederum höhere
Todeszahlen.

Deutschland liegt ohne Tempolimit eher im
unteren Drittel.

Also, auch das ist für mich kein Grund für ein
Tempolimit.

Aus den beiden Gründen, sehr geringe
Einsparungen von CO2 und kein „Mehr" an

Sicherheit bin ich persönlich gegen ein generelles Tempolimit.

Mal sehen, wenn dieses Buch veröffentlicht wird, wie dann hier der politische Stand der Dinge ist.

Frage: Wie ist das Thema Überholen in der StVO geregelt?

StVO § 5 Überholen (Auszug)[62]

(1) Es ist links zu überholen.

(2) Überholen darf nur, wer übersehen kann, dass während des ganzen Überholvorgangs jede Behinderung des Gegenverkehrs ausgeschlossen ist. Überholen darf ferner nur, wer mit wesentlich höherer Geschwindigkeit als der zu Überholende fährt.

(3) Das Überholen ist unzulässig:

---

[62] (StVO, § 5 Überholen 2019)

1. bei unklarer Verkehrslage oder
2. wenn es durch ein angeordnetes
Verkehrszeichen (Zeichen 276, 277)
untersagt ist.

Zeichen 276[63]

Zeichen 277[64]

---

[63] (StVO, Anlage 2, Abschnitt 7,lfd.Nr. 53, §41 StVO, Absatz 1 2019)
[64] (StVO, Anlage 2, Abschnitt 7,lfd.Nr. 54, §41 StVO, Absatz 1 2019)

Na, eins der Schilder wiedererkannt?

Ich ärger mich auch manchmal und denke: Warum ist hier Überholverbot? Aber ich kann es nicht ändern. Es sei denn, ich hinterfrage dieses in meinen Augen unsinnige Verkehrszeichen bei den Behörden, wie zuvor im Buch beschrieben.

Der Satz 5 des Paragraphen 5 wundert mich ein wenig und das habe ich auch so noch nicht gemacht.[65]

(5) Außerhalb geschlossener Ortschaften darf das Überholen durch kurze Schall- oder Leuchtzeichen angekündigt werden. Wird mit Fernlicht geblinkt, dürfen entgegenkommende Fahrzeugführende nicht geblendet werden.

Das kenne ich nur aus dem Urlaub in Italien, wo ständig gehupt wird vor dem Überholen.

Dass dies auch hier in Deutschland erlaubt ist, wusste ich nicht.

Ich sehe aber keinen Sinn darin, dies auf Landstraßen zu tun, allerdings gilt die Regel auf Autobahnen auch.

---

[65] (StVO, § 5 Überholen, Satz 5 2019)

Dies habe ich, da ich mir unsicher war einen Polizisten der Autobahnpolizei gefragt.
Ich bin einfach in eine Polizeistation der Autobahnpolizei in meiner Nähe gefahren, hatte insgesamt drei Fragen gesammelt, damit es sich auch lohnt.

Der Polizist war nett und hat mir alle Fragen beantwortet. Die anderen zwei Antworten streue ich bei passender Gelegenheit ins Buch ein.

Zurück zum Thema, mit dem Überholen.

Also Autobahnen sind generell außerhalb geschlossener Ortschaften, also gilt hier auch der Satz (5) des § 5 Überholen der StVO.

Meine Frage an den Polizisten war folgende:

Was kann ich gegen jemanden tun, der auf der Autobahn mit 120 links fährt (in diesem Abschnitt gilt gerade kein Tempolimit) um einen LKW zu überholen, dann allerdings nicht wieder nach rechts einschert?

Evtl. sieht er ja in gefühlten drei Kilometern den nächsten LKW und hat Angst, nicht wieder nach links zu kommen. Also bleibt er gleich durchgehend auf der linke Spur, toll.

Sicherlich hast Du auch schon mal so eine
Situation erlebt, oder?
Da könnte man mal schneller fahren und dann
so einer. Was also tun?

Du denkst ans rechts überholen?

Ok, das ist klar verboten und manchmal auch
gefährlich, geht also nicht.

Einfach aushalten und gar nichts tun?
Dahinter bleiben und warten bis der Kollege es
von selbst merkt ist auch nicht erlaubt, da für
Dich ja auch das Rechtsfahrgebot gilt. Also
müsstest Du nach rechts fahren, und hinter
ihm bleiben. Das ist korrekt, aber total nervig,
geht also auch nicht.

Erlaubt ist, dass Du Deinen „Überholwunsch"
(Du könnest ja überholen, wenn der
„Schleicher" Platz machen würde) mit Blinker
nach links bzw. Lichthupe oder mit der
normalen Hupe ankündigen darfst, wie es
eben im Satz (5) steht.

Dies bestätigte mir auch der Polizist. Und jetzt
kommt das große ABER.
Das Ganze ist natürlich nur erlaubt, wenn
dabei der entsprechende Sicherheitsabstand

zum Vordermann eingehalten wird. Und das machen die meisten nämlich nicht.
Die fahren dicht auf und machen dann Lichthupe. Dies kann und wird als Tatbestand der Nötigung ausgelegt.

Und das ist natürlich auch keine Lösung, ein Fehlverhalten mit einem anderen Fehlverhalten zu beantworten.
Probiert das mal aus, frühzeitig blinken oder die Lichthupe zu betätigen ...es wird helfen und ist viel sicherer und stressfreier für alle Beteiligten...

Bisher habe ich immer geglaubt, dass man beim Überholen die zulässige Höchstgeschwindigkeit kurzzeitig überschreiten darf.

Dies stimmt allerdings nicht.

Generell sollest Du Dir also vor dem Überholen überlegen, ob Du in den erlaubten Geschwindigkeitsgrenzen bleibst.
Wenn nicht, lieber nicht überholen, fertig!

Und noch ein praktischer Tipp für mehr Sicherheit beim Überholen auf der Autobahn:

Wenn Du jemanden überholt hast und wieder auf den rechten Fahrstreifen zurückfährst, sollest Du erst wieder rüber ziehen, wenn Du den Überholten im Rückspiegel siehst. Denn sonst würdest Du ihm in seinen Sicherheitsabstand hineinfahren.

Leider beachtet dies kaum jemand, weder beim Überholen, noch beim normalen Fahrstreifenwechsel...
Bei dem Thema Überholen fällt mir ein schwerer Unfall im Dezember 2018 in Stolberg (bei Aachen) wieder ein, über den damals in den Medien viel berichtet wurde.
Es war auf einer Landstraße auf der 70 km/h erlaubt waren und es bestand Überholverbot.
Ein 20-jähriger Autofahrer war viel zu schnell unterwegs und wollte einer Radaranlage ausweichen und fuhr auf die Gegenfahrbahn. Dabei stieß er mit einem entgegenkommenden Fahrzeug frontal zusammen.

Das traurige Endergebnis:

Fünf Tote, darunter zwei 16 und 17-jährige Kinder eine 44-jährige Frau und zwei 21- u. 22-jährige junge Mitfahrer.

Der 20-jährige Unfallverursacher überlebte und steht heute vor Gericht. In dem Verfahren gegen ihn wurde nun im Februar 2020 das Urteil nach Jugendstrafrecht gesprochen: Dreieinhalb Jahre Haft. Noch ist das Urteil nicht rechtskräftig.

Egal wie hoch die Strafe am Ende rechtskräftig ausfällt, es macht die fünf Menschen nicht wieder lebendig.

Wahnsinn, fünf Tote, Unbeteiligte, die nichts dafürkonnten, nur zur falschen Zeit am falschen Ort waren...und das vor Weihnachten.

Und warum? Weil ein Idiot zu schnell gefahren ist. Völlig sinnlos!

Nach so einer Meldung einfach weiter zu machen, fällt mir schwer, andererseits bestärkt es mich, weiter aufzuklären, weiter zum Nachdenken anzuregen, damit so etwas nicht wieder passiert.

Frage: Darf ich bei mehrspurigen Fahrbahnen rechts schneller als links fahren und gilt das dann auch als Überholen?

Wie oben beschrieben wird in §5 StVO vorgegeben, dass nur links zu überholen ist.

Allerdings gibt es da noch den §7 StVO mit Ausnahmen unter bestimmten Bedingungen.

Vorab ist noch wichtig, dass Überholen nichts damit zu tun hat, ob man den Fahrstreifen wechselt oder nicht.
Auch wenn man schon rechts ist, und an einem links fahrenden Fahrzeug vorbeifährt, gilt dies als Überholen und kann teuer werden (zum Bußgeldkatalog komme ich später noch...).

§7 Benutzung von Fahrstreifen durch Kraftfahrzeuge (Auszug)[66]

(2) Ist der Verkehr so dicht, dass sich auf den Fahrstreifen für eine Richtung

---

[66] (StVO, § 7 Benutzung von Fahrstreifen durch Kraftfahrzeuge 2019)

Fahrzeugschlangen gebildet haben, darf rechts schneller als links gefahren werden.

(2a) Wenn auf der Fahrbahn für eine Richtung eine Fahrzeugschlange auf dem jeweils linken Fahrstreifen steht oder langsam fährt, dürfen Fahrzeuge diese mit geringfügig höherer Geschwindigkeit und mit äußerster Vorsicht rechts überholen.

> *(4) Innerhalb geschlossener Ortschaften – ausgenommen auf Autobahnen (Zeichen 330.1) – dürfen Kraftfahrzeuge mit einer zulässigen Gesamtmasse bis zu 3,5 t auf Fahrbahnen mit mehreren markierten Fahrstreifen für eine Richtung (Zeichen 296 oder 340) den Fahrstreifen frei wählen, auch wenn die Voraussetzungen des Absatzes 1 Satz 1 nicht vorliegen. Dann darf rechts schneller als links gefahren werden.*

Grundsätzlich gilt, wie beim Linksüberholen, auch beim Rechtsüberholen, dass man natürlich nicht schneller fahren darf als erlaubt.
Dies gilt auch auf Autobahnen.

Es kann also vorkommen, dass links, aufgrund von Stau langsamer gefahren wird und rechts frei ist. Deshalb hat sich in der Rechtsprechung folgende Zusatzregel festgesetzt:

Stehende oder langsam fahrende Fahrzeuge auf dem linken Fahrstreifen dürfen nur „mit geringfügig höherer Geschwindigkeit und mit äußerster Vorsicht" rechts überholt werden (7 Abs. 2a StVO).

Das heißt laut aktueller Rechtsprechung:

Bewegt sich eine Fahrzeugschlange auf der linken Spur nicht schneller als 60 km/h, dürfen Fahrzeuge auf der rechten Spur mit maximal 20 km/h höherer Geschwindigkeit also mit max. 80 km/h vorbeifahren.

Fahren die Fahrzeuge links entsprechend langsamer als 60 km/h, dann darf man auch nur entsprechend langsamer rechts dran vorbeifahren. Ganz einfach!

Alles andere ist nicht erlaubt.

Das, was ich täglich auf den Autobahnen erlebe, sieht anders aus...

Da fahr ich links die vorgeschriebene Höchstgeschwindigkeit, rechts ist eine Lücke und diese wird eiskalt ausgenutzt. Sicherheitsabstand ist dabei egal. Und nach dem Überholen drängt sich der Wagen vor mir wieder rein und ist nun ein Auto vor mir. Super Kollege, das hat Dich jetzt echt weiter gebracht...

Wenn man dieses Verhalten als verkehrsgefährdend wertet, was für mich klar der Fall ist, kostet das 2 Punkte, 250 € und einen Monat Fahrverbot. Leider wird nur kaum jemand dabei erwischt...

Frage: Elefantenrennen von LKW, sind die nicht verboten?

Ja, sind sie.

Dies ergibt sich aus der vorhergehenden Frage zum Thema Überholen

§ 5, Satz 2 sagt aus: „Überholen darf ferner nur, wer mit wesentlich höherer Geschwindigkeit als der zu Überholende fährt. "[67]

Du kennst die Situation:

Ein LKW überholt auf der Mittelspur mit 85 km/h einen rechts fahrenden LKW der 80 km/h fährt.

Super, als Autofahrer ist man gezwungen, auf den linken Streifen zu wechseln, wenn man dort keinen anderen gefährdet.
Diese Formulierung „wesentlich höhere Geschwindigkeit" ist wieder so ein unbestimmter Rechtsbegriff. Deshalb, beschäftigen sich damit Gerichte.

Als Faustregel hat sich hier folgendes etabliert:

Beim Überholen eine um min. 10 km/h schnellere Geschwindigkeit und eine Dauer für den gesamten Überholvorgang von nicht mehr als 45 Sekunden beträgt.

Wer das nicht hinbekommt, wird aktuell mit 80 € und einem Punkt bestraft...in der

---

[67] (StVO, § 5 Überholen, Satz 2 2019)

Theorie. Nur leider wird auch dies zu selten tatsächlich geahndet.

Frage: Sekundenschlaf, kann schon mal passieren?

Nach einer Umfrage des Deutschen Verkehrssicherheitsrates aus dem Jahre 2016 gaben 26 % der 1000 befragten Autofahrer an, bereits mindestens einmal am Steuer eingeschlafen zu sein.[68]

43 % der Autofahrer gaben an, den Zeitpunkt des Einschlafens sicher vorhersehen zu können. Das ist, meiner Meinung nach natürlich eine total gefährliche Selbstüberschätzung....

Mehr interessante Infos zu dieser Umfrage unter:

---

[68] (TNS Emnid-Umfrage im Auftrag des Deutschen Verkehrssicherheitsrats (DVR) e.V. zur Müdigkeit am Steuer aus 2016 2017)

https://www.dvr.de/download2/p4944/4944_0.pdf

Mir ist das mit dem Sekundenschlaf auch schon mal passiert.

Mitten auf der Autobahn, im Feierabendverkehr fielen mir kurz mal die Augen zu.

Ich weiß im Nachhinein nicht mal wie lange der Sekundenschlaf wirklich gedauert hat. Bei Tempo 130 (die hatte ich bestimmt drauf) wären das bei 1 Sekunde, 36 Meter Blindflug.

Als ich wieder aufwachte war ich total geschockt über mich selbst. Ich fuhr natürlich schnellstmöglich auf den nächsten Parkplatz und machte erstmal eine längere Pause.

Ich hatte einfach nur Glück gehabt, dass ich mit dem Schrecken davongekommen bin und nichts Schlimmeres passiert ist.

Das Statistische Bundesamt erfasst solche müdigkeitsbedingten Unfälle mit Personenschäden, wenn der Fahrer dies bei der Polizei zu Protokoll gibt.

Im Jahre 2018 wurden so 2.124 Übermüdungsunfälle registriert (siehe Link unten).[69]

Die Dunkelziffer wird sehr hoch sein...

https://www.destatis.de/DE/Themen/Gesellschaft-Umwelt/Verkehrsunfaelle/Publikationen/Downloads-Verkehrsunfaelle/verkehrsunfaelle-zeitreihen-pdf-5462403.pdf?__blob=publicationFile

---

[69] (Statistisches Bundesamt, Verkehrsunfälle, Zeitreihen 2018 2019)

Ein Wahnsinn was ich alles früher versucht habe, um den Sekundenschlaf zu vermeiden.

Von Fenster auf, laute Musik, telefonieren (mit Freisprechanlage) bis hin zu einer Traubenzuckertüte, aus der ich im 10 min Abstand gelöffelt habe...ich sag ja, Wahnsinn.

Heute mache ich so etwas nicht mehr.

Die Gefahr des Sekundenschlafes fährt trotzdem auch heute noch täglich mit.
Ich versuche heute immer ausreichend in der Nacht vorher zu schlafen (bei mir min. 6 Stunden).

Auch lasse ich während der Autofahrt einfach mal zwischendurch frische Luft ins Auto, indem ich ein oder zwei Fenster kurz öffne.
Denn durch das selbst ausgeatmete CO_2 wird man müde...

Zusätzlich plane ich alle 90 min. eine aktive Pause ein. Auch wenn ich noch nicht müde bin.

Bei der aktiven Pause lüfte das Auto und mache ein paar Dehnübungen für Rücken, Schulter und Nacken. Insgesamt sind es aktuell bei mir acht verschiedene Übungen,

drei im Sitzen im Auto und fünf im Stehen natürlich außerhalb vom Auto.
Alle Übungen zusammen dauern 5 min. Gut investierte Zeit, wie ich finde.

Bei den ersten Anzeichen von Müdigkeit, mache ich unabhängig von der gefahrenen Zeit eine Pause von min. 20 Minuten.
Manchmal passiert das schon nach 30 min Fahrt. Dann denke ich: „Jetzt schon die erste Pause machen, ist das blöd". Aber weiterfahren und einschlafen ist noch blöder, also halte ich an.

Ich mache dann das Radio aus, das Handy lautlos, stelle die Rückenlehne in Liegeposition und mache wirklich die Augen zu.
Vorher stelle ich mir einen Timer auf 15 Minuten, damit ich nicht völlig aus meinem Zeitplan herausfalle.

Mir hilft das, den Sekundenschlaf zu verhindern.

Pause machen kostet Zeit - mit der Pause zu warten, kostet das Leben.

Und noch ein Hinweis für Dich zum Nachdenken:

Wer übermüdet einen Unfall baut, begeht sogar gemäß §315c StGB eine Straftat.[70]

Dort steht nämlich: (Auszug)

§ 315c Gefährdung des Straßenverkehrs

(1) Wer im Straßenverkehr ein Fahrzeug führt, obwohl er

infolge des Genusses alkoholischer Getränke oder anderer berauschender Mittel oder

*infolge geistiger oder **körperlicher Mängel** nicht in der Lage ist, das Fahrzeug sicher zu führen, oder*
(...) ff.
...und dadurch Leib oder Leben eines anderen Menschen oder fremde Sachen von bedeutendem Wert gefährdet, wird mit Freiheitsstrafe bis zu fünf Jahren oder mit Geldstrafe bestraft.
Der körperliche Mangel ist z.B. Müdigkeit!

---

[70] (StGB, § 315c Gefährdung des Straßenverkehrs 2020)

Frage: Wie funktionieren diese verkehrsflussabhängigen Geschwindigkeitsregelungen?

Du kennst diese Schilderbrücken auf den Autobahnen. Mal zeigen diese Leuchtschilder 60, mal 80 oder 100 km/h an und mal gar nichts und sind einfach aus.

Zusätzlich werden bei Bedarf verschiedene Symbole angezeigt, wie Überholverbote und Wetterwarnzeichen.

Sitzt da etwa irgendjemand, irgendwo und beobachtet mit Kameras die Autobahn und schaltet dann die entsprechenden Geschwindigkeiten oder Symbole ein?

Wechselverkehrszeichenanlagen oder Verkehrsbeeinflussungsanlagen, so heißen diese Schilderbrücken und andere Maßnahmen offiziell.

Dazu zählen neben den Schilderbrücken mit Leuchtzeichen, die Radarsensoren, Nässedetektoren, Sichtweitenmesser, Zählschleifen in der Fahrbahn und Zuflussampeln an Autobahnauffahrten.

Wie funktionieren diese Systems jetzt genau?

Dahinter steckt ein hoch mathematisch komplexes Computerprogramm, das aus den verschiedensten Daten die Entstehung und Auflösung von Staus berechnet.

Staus entstehen durch wellenförmige Bewegungsmuster.
Ziel des Computerprogrammes ist es, unter anderem dafür zu sorgen, dass nachfolgende Fahrzeuge moderat abgebremst werden (z.B. auf 60 km/h). So kann sich die Stau-Welle gar nicht erst rückwärts fortpflanzen.

Den meisten Autofahrern ist aber nicht verständlich, warum sie langsamer fahren müssen, obwohl die Strecke doch frei ist.

Aber was will man da machen - etwa die mathematische Formel für Stauvermeidung einblenden? Das bringt wohl eher nichts.

Also hilft nur Aufklärung.

Diese Geschwindigkeitsbeschränkungen sollen rechtzeitig **vor** der Bildung eines Staus geschaltet werden, deshalb ist dann die Strecke eben noch frei.

Wenn Du dann schnell fährst und Dich nicht an das Tempolimit hältst und das alle anderen auch tun, stehst Du mit allen anderen mit hoher Wahrscheinlichkeit auch gemeinsam tatsächlich im Stau, schön oder?

Befolgst Du die dort gezeigten Schilder, so wird das mit ziemlicher Wahrscheinlichkeit die Bildung oder Verschlimmerung eines Staus verhindern.

So kommst Du trotz langsamerer Fahrt am Ende schneller an, da Du ja den Stau gespart hast.

Die Schilder sind übrigens keine Empfehlungen, sondern sind wie ein normales Verkehrszeichen auch zu beachten und einzuhalten.

Seit einiger Zeit können auch Radaranlagen, die allerdings nicht vom Landesbetrieb Straßen.NRW, sondern von den Kommunen betrieben werden, mit den Schilderbrücken zusammengeschaltet werden.

Der Irrglaube „die können bei Schilderbrücken nicht blitzen" kann also teuer werden.

In NRW werden die Schilderbrücken vom Landesbetrieb Straßen.NRW in Leverkusen gesteuert und überwacht.

Hier sitzen tatsächlich Menschen, die alles beobachten, steuern, wenn nötig auch eingreifen. Und so können eigene Schaltungen vorgenommen werden.

Größtenteils laufen diese Prozesse allerdings vollautomatisch ab.

Ich hatte die Gelegenheit, diese Verkehrszentrale in Leverkusen zu besuchen und mit den Mitarbeitern zu sprechen.

Dort wird 24 Stunden am Tag, 365 Tage im Jahr der Verkehr in NRW beobachtet und gesteuert.

Über den Tag sitzen jeweils fünf, in der Nacht zwei Mitarbeiter vor den Bildschirmen. Und wenn ich hier von mehreren Bildschirmen rede, dann meine ich auch mehrere.

Hier ein Bild mit einem Teil dieses „heiligen Raumes“:

Die Mitarbeiter hier machen einen guten Job und tun alles was möglich ist, Tag für Tag, um Staus zu verhindern, zu verkürzen und sicherer zu machen.

Zum Aufstellen dieser Schilderbrücken braucht der Landesbetrieb Geld.
Genau genommen sind es unsere Steuergelder, die dort verbaut werden.

Diese Steuergelder sind aus meiner Sicht hier gut angelegt.

Diese Anlagen sind nicht dazu da, Dich zu ärgern, sondern die Wirkung dieser Schilderbrücken ist wissenschaftlich nachgewiesen.

Es ist klar belegbar, dass durch diese Anlagen die Unfallzahlen gesenkt werden.

Zusätzlich helfen sog. mobile Stauwarnanlagen, die vollautomatisch über Sensoren die Verkehrsdichte erfassen. Mit Text und blinkenden Leuchtzeichen informieren diese über Störungen und Staus.

Die Geschwindigkeitsbeschränkungen der Schilderbrücken sind mit den Metallschildern am Rand gleichgesetzt und sollten sich im Normalfall auch nicht widersprechen.

Deshalb wird die Einrichtung einer Baustelle im Vorfeld besprochen, mit dem Baustellenmanagement vom Landesbetrieb, aber auch mit Polizei und Feuerwehr abgestimmt.

Zeigt also ein Metallschild am Straßenrand 120 an und kommt dann später eine

Schilderbrücke mit 100, dann gilt ab dieser
Schilderbrücke eben 100 km/h.

Folgt danach wieder ein Metallschild mit z.B.
130 km/h, dann gilt dieses entsprechend,
usw.
Es ist ganz einfach Schild ist Schild, ob als
Leucht- oder Metallschild, egal, beachtet
werden muss es in jedem Fall.

Halte Dich einfach an die Zeichen, denn
Fahren ist besser als Stehen...

Und wenn Du Lust und Zeit hast, kannst Du
Dir auch ganz gemütlich zuhause auf der
Coach Livebilder von verschiedenen
Autobahnkreuzen und -abschnitten über
Webcams ansehen.

Hier der Link dazu:[71]

http://www.live-webcam-online.de/anrw.htm

Quelle: UBOD ULRICH BIRKHOFF ONLINE
DIENSTLEISTUNGEN, Grevenbroich

Frage: Punktesystem in Flensburg, da hat sich doch etwas geändert, oder?

Wer sich nicht an die Verkehrsregeln hält, wird
Punkte in Flensburg sammeln und läuft
Gefahr, dass der Führerschein eingezogen oder
ein Fahrverbot ausgesprochen wird.

---

[71] (UBOD ULRICH BIRKHOFF ONLINE DIENSTLEISTUNGEN,
Gervenbroich, live-webcam-online.de 2020)

Wann bekomme ich einen Punkt in Flensburg?
Und wie sieht es mit dem Punkteabbau, dem
Punkteverfall oder der Punkteabfrage aus?

Welche Besonderheiten zum Thema „Punkte in
Flensburg" gibt es darüber hinaus für
Fahranfänger in der Probezeit?

Und gibt es auch Punkte für Fußgänger oder
Radfahrer?

Fragen über Fragen....

Alles der Reihe nach... Ja, es hat sich etwas
Grundlegendes verändert.

Seit Mai 2014 wurde das Punktesystem neu
geregelt.

Alte Punkte wurden entsprechend einer
Umrechnungstabelle übertragen, wenn neue
Punkte dazu kommen.

Natürlich wurde auch der Bußgeldkatalog, was
die Anzahl der Punkte angeht, entsprechend
angepasst.

Sicherlich kannst Du über alt und neu, Sinn
und Unsinn viel diskutieren.
Dies will ich fünf Jahre nach der Einführung
bewusst nicht mehr aufwärmen.

Ich stelle hier das aktuell gültige System vor.

Hast Du durch Dein Fehlverhalten im Straßenverkehr acht Punkte gesammelt, ist der Lappen weg.

Im neuen Fahreignungsregister (FAER) werden alle Verstöße gespeichert; quasi das „Vorstrafenregister" des Verkehrsteilnehmers.

Diese gespeicherten Daten werden an Gerichte, Verwaltungsbehörden und an die Polizei übermittelt.

Natürlich kann jeder, Du auch, hier eine Selbstauskunft beantragen.

Dazu gibt es auf der Seite des Kraftfahrt Bundesamtes eine online Antragstellung (siehe folgender Link).[72]

https://www.kba.de/DE/Home/home_node.html

Die Auskunft über die Seite des Kraftfahrt-Bundesamtes ist kostenlos (unter Reiter Fahrereignungs-Bewertungssystem).

Sogenannte Serviceseiten, die auch eine Punkteauskunft anbieten, aber nicht vom Kraftfahrt-Bundesamt sind, würde ich nicht benutzen, da diese Angebote kostenpflichtig sind und länger dauern. Es gibt nur ein Fahrereignungsregister und das ist eben beim Kraftfahrt-Bundesamt.

---

[72] (Kraftfahrt-Bundesamt 2020)

Ordnungswidrigkeiten bis 55 Euro werden im FAER nicht gespeichert.

Wieviel Punkte und oder Bußgeld es gibt, steht im aktuellen Busgeldkatalog, hier ein Link dazu:[73]

Der neue Bußgeldkatalog 2020 (offiziell Bundeseinheitlicher Tatbestandskatalog (BT-KAT-OWI)) war leider bei Abgabe des Buches noch nicht online(in Kürze). Es wird allerdings nichts günstiger (siehe auch Hinweise unter Kapitel 5, Fragen zu den Änderungen 2020 in der StVO).

https://www.kba.de/DE/ZentraleRegister/FAER/BT_KAT_OWI/btkat_node.html

Grundsätzlich gibt es 1-3 Punkte je nach Schwere des Fehlverhaltens.

---

[73] (Kraftfahrt Bundesamt, Bundeseinheitlicher Tatbestandskatalog (BT-KAT-OWI) 2020)

Wenn Du Dich entscheidest, vernünftig zu fahren, am besten aus Überzeugung, kannst Du Punkte auch wieder abbauen.
Dann findet die sog. Verjährung der Punkte statt, d.h. der Punkt wird gelöscht.

Allerdings gilt für diesen gelöschten Punkt eine einjährige sog. Überliegefrist. Erst dann wird der Punkt endgültig gelöscht.
Diese Überliegefrist wird allerdings nur unter bestimmten Gesichtspunkten hinzugezogen, z.B. bei Entscheidungen zu einem Fahrverbot.
Hart, aber so ist es eben...das macht dann ein Richter im Einzelfall.

Jeder Punkt wird einzeln betrachtet und hat auch unabhängig von neuen dazukommenden Punkten eine feste Verjährungsfrist.

Entscheidend ist wie viele Punkte Du auf einmal bekommst.

Also, bekommst Du z. B. für eine bestimmte Geschwindigkeitsüberschreitung einen Punkt, verjährt dieser nach 2,5 Jahren.
Entscheidend für diese Frist ist der Tattag und nicht wie früher die Rechtskraft des Punktes.
Deshalb bringt es auch nichts mehr, Gerichtsverhandlungen aus taktischen Gründen zu verzögern.

Bekommst Du z.B. für ein Alkoholdelikt gleich zwei Punkte, verjähren diese beiden Punkte erst nach 5 Jahren.
Und begehst Du z.B. eine fahrlässige Körperverletzung im Straßenverkehr und erhältst dafür gleich drei Punkte, verjähren diese erst nach vollen 10 Jahren.
Punkte abbauen kannst Du zum einen einfach dadurch, vernünftig zu fahren und keine neuen Punkte mehr zu sammeln.

Wenn Du das aus irgendwelchen Gründen nicht schaffst, kannst Du an einem freiwilligen Fahrereignungsseminar teilnehmen.

Ab dem vierten Punkt gibt es aus Flensburg per Post eine Ermahnung und den Hinweis auf das Seminar.

Dies geht allerdings nur, wenn der Punktestand nicht mehr als fünf Punkte beträgt und das letzte Fahrereignungsseminar länger als fünf Jahre her ist.

Ab dem sechsten Punkt ist kein Punkteabbau durch Seminare mehr möglich.

Dieses Seminar ist natürlich nicht kostenlos zu haben. Neben der Zeit, die dabei draufgeht, kostet es richtig Geld

Teil 1:

Verkehrspädagogischer Teil aus je zwei Modulen je 90 min. Hier spricht man über Sinn und Zweck der Verkehrsregeln. Mindestabstand zwischen den beiden Modulen beträgt zwei Wochen.

Teil 2:

Verkehrspsychologischer Teil aus zwei Einzelsitzungen je 75 min. Der Mindestabstand zwischen den beiden Modulen beträgt hier drei Wochen (Zeit für die Hausaufgaben...).

Kosten: ca. 1.500 Euro.

Die erfolgreiche Teilnahme an diesem Seminar baut einen ganzen Punkt ab, Wahnsinn!

Hast Du es nicht geschafft, die Punkte vorher abzubauen und hast dann tatsächlich acht Punkte erreicht ist der Führerschein für mindestens sechs Monate, das ist ein ganzes,- halbes Jahr, weg.

Dann folgt die MPU, Medizinisch Psychologische Untersuchung

(umgangssprachlich wird dieses Seminar auch Idiotentest genannt,) um nach der Sperrfrist den Lappen zurück zu bekommen.

Das Ganze ist noch aufwendiger, besteht aus drei Teilen, dauert länger und kostet natürlich auch mehr Geld, so ca. 2.500 – 3.000 Euro.

Wenn Du also etwas Besseres mit Deiner Zeit und Deinem Geld anfangen kannst, solltest Du es nicht so weit kommen lassen...
Bist Du gerade Fahranfänger, herzlichen Glückwunsch! Du darfst Autofahren, super!

Aber Achtung, Du bist in der zweijährigen Probezeit.

Hier gelten besondere Regelungen. Verstöße werden in zwei Kategorien eingeteilt:

In schwerwiegende Verstöße (Katalog A) und weniger schwerwiegende Verstöße (Katalog B). Grundsätzlich werden Verstöße strenger geahndet.

Die Probezeit soll gerade junge, unerfahrene Fahrer vor Selbstüberschätzung und Leichtsinn schützen und so das Unfallrisiko senken.

Hier eine Auflistung der
Katalog A -Verstöße:

- Missachtung des Rechtsfahrgebotes:
Hast Du, z.B. das Rechtsfahrgebot in
Kurven, an Kuppen, beim Überholt
werden oder bei Gegenverkehr nicht
beachtet, handelt es sich um einen
Katalog A-Verstoß. Ein Bußgeld in Höhe
von 80 € sowie ein Punkt in Flensburg
kommt auf Dich zu.

- Geschwindigkeitsüberschreitungen:
Überschreitest Du die erlaubte
Höchstgeschwindigkeit um 21 km/h
oder mehr, hast Du Dir ebenfalls einen
Katalog A-Verstoß begangen. Das
Bußgeld liegt bei 70 € (außerorts) bzw.
80 € (innerorts). In beiden Fällen wird
außerdem ein Punkt fällig.

- Abstandsvergehen: Beträgt der Abstand
zum vorausfahrenden Fahrzeug weniger
als 5/10 des halben Tachowertes, wird
dies ebenfalls als Katalog A-Verstoß
gewertet. Ein Punkt in Flensburg sowie
ein Bußgeld von mindestens 75 € sind
Dir sicher.

- Verstöße beim Überholen: Das Überholen im Überholverbot wird beispielsweise mit einem Bußgeld von 70 € und einem Punkt in Flensburg bestraft. Doch auch wenn Du außerhalb geschlossener Ortschaften rechts überholst, gilt dies als Katalog A-Verstoß. Der Punkt bleibt auch in dieser Situation bestehen, hinzu kommt ein Bußgeld von 100 €.

- Missachtung der Vorfahrt: Um einen Katalog A-Verstoß handelt es sich ebenfalls, wenn Du die Rechts-vor-Links-Regelung nicht beachtet hast und es in diesem Zuge zu einer Gefährdung im Straßenverkehr kam. Die Konsequenz besteht aus einem Punkt und einem Bußgeld von 100 €.

- Abbiegevergehen: Nimmst Du keine Rücksicht auf Fußgänger, während diese abbiegen und gefährdest sie dadurch, geht es um ein Bußgeld von 70 € und einen Punkt.

- Verstöße auf der Autobahn: Wer auf der Autobahn eher durch Ungeduld als durch Rücksichtnahme auffällt, handelt sich ebenfalls schnell einen Katalog A-Verstoß ein. Benutzt Du z.B. den Seitenstreifen zum schnelleren Vorankommen, wird dies mit einem Bußgeld von 75 € und einem Punkt in Flensburg geahndet.

- Alkohol am Steuer: Als Fahranfänger hast Du Dich an die Null-Promille-Grenze zu halten. Tust Du dies nicht, hast Du einen Katalog A-Verstoß begangen und wirst mit 250 € Bußgeld sowie einem Punkt in Flensburg belangt.

- Vergehen am Bahnübergang: Auch an einem Bahnübergang wird Ungeduld bestraft: Wenn Du trotz geschlossener Schranke (einseitig beschrankt oder nur Andreaskreuz) den Bahnübergang überquerst, stellst Du nicht nur für Dich selbst, sondern auch für andere eine Gefährdung dar. Daher wird dieser Katalog A-Verstoß mit einem Bußgeld von 700 €, zwei Punkten sowie einem dreimonatigen Fahrverbot sanktioniert.

- Verstöße an Fußgängerüberwegen: Fährst Du zu schnell an einen Zebrastreifen heran, den gerade ein Fußgänger im Begriff war zu überqueren, kostet Dich das 80 € Bußgeld und einen Punkt. Es handelt sich auch hier um einen Katalog A-Verstoß. In der Regel kommt es außerdem darauf an, wie schnell Du gefahren bist.

- Fahren ohne Begleitperson beim Führerschein ab 17: Setzt Du Dich in der Probezeit ohne Aufsichtsperson hinters Steuer, musst Du mit einem Bußgeld von 70 € sowie einem Punkt rechnen. Dieser Katalog A-Verstoß kann im schlimmsten Fall sogar eine Freiheitsstrafe von bis zu einem Jahr nach sich ziehen.

Nach einem Katalog A- Verstoß als Fahranfänger verlängert sich die Probezeit um weitere zwei Jahre.

Zusätzlich ist ein Aufbauseminar Pflicht. Kosten: ca. 400 €.

Hast Du dann immer noch nicht genug und immer noch nicht aus Deinen Fehlern gelernt, obwohl die Probezeit um zwei Jahre verlängert wurde und bist Du beispielsweise erneut 21 km/h oder mehr zu schnell gefahren – hast Du also bereits zwei Katalog A-Verstöße in der Probezeit begangen – dann folgt eine schriftliche Verwarnung.

Zusätzlich wird die Teilnahme an einer freiwilligen verkehrspsychologischen Beratung empfohlen.

Nach dem dritten Katalog A-Verstoß bzw. dem zweiten A-Verstoß in der verlängerten Probezeit hilft auch Bitten und Betteln nicht mehr:

Der Führerschein wird entzogen.

Was dann folgt, ist eine Sperrfrist von mindestens sechs Monaten.

Ungefähr drei Monate, bevor diese abläuft, können Fahranfänger einen Antrag auf Neuerteilung der Fahrerlaubnis stellen.

Zu den weniger schwerwiegenden Katalog B-Verstößen gehören u. a.:

- Fahren mit abgefahrenen Reifen
- Ungesicherte Ladung

- Mitnahme von Kindern ohne Kindersitz

- Parkverstöße

- Überziehung vom HU- Termin

Auch die Kombination aus Katalog A- und B-Verstößen kann zur Probezeitverlängerung, Aufbauseminar und letztendlich zum Führerscheinentzug führen.

Also, lieber Fahranfänger, genieß Deine neue Freiheit, hab Spaß am Fahren, aber bitte halte Dich von Anfang an an die Regeln.

So hast Du es einfach leichter, auch nach der Probezeit, immer vernünftig und sicher zu fahren.

Das Punktesystem in Flensburg gilt für alle Verkehrsteilnehmer, also auch für Fußgänger und Radfahrer.

Alkohol, Drogen, Handynutzung, unerlaubtes Entfernen vom Unfallort sind nur einige punktewürdige Verstöße.

Was ich oft bei Radfahrern beobachte ist, das Fahren ohne Beleuchtung.
Dies kostet den Radfahrer 80 Euro und einen Punkt.

Auch, wer besoffen mit mehr als 1,6 Promille Rad fährt, zahlt mehrere hundert Euro und kassiert 3 Punkte.
Hier soll es wohl in Zukunft zu einer Verschärfung des Grenzwertes auf 1,1 Promille kommen.

Auch, wer als Fußgänger oder Radfahrer noch gar keinen Führerschein hat, wird aufgrund von Fehlverhalten unter Umständen gar nicht zur Führerscheinprüfung zugelassen.
Hat der Fußgänger oder Radfahrer einen Autoführerschein, werden diese gesammelten Punkte natürlich auf die Acht- Punkte- Grenze angerechnet.
Auch die Probezeit als Autofahranfänger gilt, wenn man Rad fährt entsprechend.

Verkehrsteilnehmer ist eben Verkehrsteilnehmer.

Ein Fahrverbot bedeutet nicht nur, dass man ein Auto nicht mehr bewegen darf, sondern bezieht sich auf alle Kraftfahrzeuge im Sinne der StVO.
Also sind auch Motorräder und Mofas davon betroffen.

Und nicht zu vergessen auch E-Bikes.

Was auch E-Bikes, wirst Du Dich jetzt evtl. fragen?

Ja auch E-Bikes. Aber aufgepasst!

Man muss unterscheiden zwischen E-Bikes und Pedelecs.

E-Bikes sind Fahrräder, die ohne Tretunterstützung angetrieben werden. Hier wird eine Prüfbescheinigung und ein Versicherungskennzeichen notwendig.
Und diese E–Bikes gelten auch als Kraftfahrzeuge und nicht als Fahrräder und bleiben somit bei einem Fahrverbot auch stehen.

Bei den Pedelecs ist eine Tretunterstützung notwendig, sonst läuft der Motor gar nicht.
Es ist keine Prüfbescheinigung und auch kein Kennzeichen nötig.

Diese Pedelecs sind Fahrräder und dürfen
somit auch bei einem Fahrverbot bewegt
werden.

Frage: Wie verhält man sich auf einem Beschleunigungsstreifen?

Diese Frage habe ich mir nie gestellt.
Allerdings gibt es viele, die anscheinend nicht
wissen, wie man sich dort verhält.

In der StVO heißt das offiziell
Einfädelungsstreifen.
Dort gibt es dann auch noch einen
Ausfädelungsstreifen sprich, also eine Abfahrt
von einer Straße.

Was steht dort genau?

Geregelt ist dies im Paragraphen 7a

§ 7a Abgehende Fahr-, Einfädelungs- und Ausfädelungsstreifen[74]

(1) Gehen Fahrstreifen, insbesondere auf Autobahnen und Kraftfahrstraßen, von der durchgehenden Fahrbahn ab, darf beim Abbiegen vom Beginn einer breiten Leitlinie (Zeichen 340) rechts von dieser schneller als auf der durchgehenden Fahrbahn gefahren werden.

(2) Auf Autobahnen und anderen Straßen außerhalb geschlossener Ortschaften darf auf Einfädelungsstreifen schneller gefahren werden als auf den durchgehenden Fahrstreifen.

(3) Auf Ausfädelungsstreifen darf nicht schneller gefahren werden als auf den durchgehenden Fahrstreifen. Stockt oder steht der Verkehr auf den durchgehenden Fahrstreifen, darf auf Ausfädelungsstreifen mit mäßiger Geschwindigkeit und besonderer Vorsicht überholt werden.

---

[74] (StVO, § 7a Abgehende Fahr-, Einfädelungs- und Ausfädelungsstreifen 2019)

Zeichen 340[75]

Also, Du darfst auf dem Einfädelungsstreifen (Beschleunigungsstreifen) schneller fahren als auf der rechten Autobahnspur.
Allerdings nur, wenn Du die an dieser Stelle geltende, zulässige Höchstgeschwindigkeit nicht überschreitest.

Fährt ein Fahrzeug auf der Autobahn mit der zulässigen Höchstgeschwindigkeit, musst Du Dich dahinter einfädeln.

Dieser Streifen soll Dir ein Einfädeln in den fließenden Verkehr erleichtern, indem Du durch das Beschleunigen möglichst nahtlos in den fließenden Verkehr einfahren kannst, vor oder hinter einem Fahrzeug das ist egal.

---

[75] (StVO, Anlage 3, Abschnitt 8,lfd.Nr. 22, § 42 Absatz 2 2019)

Der fließende Verkehr auf der Autobahn hat zwar Vorfahrt, allerdings gilt hier wiederum der § 1 der StVO, den man übrigens nicht oft genug nennen kann....

§ 1 Grundregeln:[76]

(1) Die Teilnahme am Straßenverkehr erfordert ständige Vorsicht und gegenseitige Rücksicht.

(2) Wer am Verkehr teilnimmt, hat sich so zu verhalten, dass kein anderer geschädigt, gefährdet oder, mehr als nach den Umständen unvermeidbar, behindert oder belästigt wird.

Gegenseitige Rücksicht! Ich sehe ja, wenn ich auf der Fahrbahn bin, dass jemand anderes auf die Autobahn auffahren will.

Also gehe ich davon aus, dass dieser Autofahrer beschleunigt, um mindestens so schnell oder auch etwas schneller als ich zu fahren, um auf die Autobahn aufzufahren, klar oder?

---

[76] (StVO, § 1 Grundregeln 2019)

Wenn dann so jemand auf dem Beschleunigungsstreifen bremst, dann verstehe ich die Welt nicht mehr.

In solchen Fällen bremse ich dann auch moderat ab, um ihm zu zeigen, Kollege gib Gas, damit Du hier auffahren kannst...

Dieses Spielchen dauert dann ein paar Sekunden in denen ich dann langsam beginne ins Lenkrad zu beißen.
Denn nach 250 Metern endet in der Regel der Beschleunigungsstreifen.

Und nun wird es brenzlig, denn ich habe ja auch noch Fahrzeuge hinter mir.
Ich kann dann ja auch nicht noch langsamer fahren.

Also fahre ich dann normal weiter und hoffe, dass der Kollege rechts neben mir nun nicht in mein Auto fährt.

Die Straßenverkehrsordnung erlaubt die Befahrung des Standstreifens (§2, Satz 1) nicht.

Also, was tun, wenn Du es nicht geschafft hast aufzufahren, bevor der Beschleunigungsstreifen zu Ende ist?

Du könntest anhalten. Das ist erlaubt, da es eben die Verkehrslage erfordert.

Ich würde allerdings nie, nie, niemals anhalten!

Das ist viel zu gefährlich, riskier lieber ein Bußgeld (10 € nach aktuellem Busgeldkatalog) und fahr auf dem Standstreifen weiter, bis Du dann einfädeln kannst. Anhalten ist echt Wahnsinn.

Was ich auch immer wieder beobachte ist, wenn zwei Autos vom Beschleunigungsstreifen auffahren wollen und es dem zweiten Fahrer nicht schnell genug geht. Dieser zieht dann vor dem Ersten raus und schneidet dem Ersten dann evtl. sogar die Möglichkeit ab, aufzufahren.

Ich fahre in solchen Fällen auch zuerst auf, lasse allerdings dem Vordermann die Luft, die er braucht, um vor mir auf die Autobahn zu fahren.

Leben und leben lassen...

Es gibt nur eine Situation, in der ich auf dem Beschleunigungsstreifen nicht beschleunige. Wenn nämlich rechts ein langer LKW fährt und es eng werden könnte, den noch zu überholen. Dann lasse ich den LKW vorbeiziehen und ordne mich dahinter ein. Denn LKW-Fahrer bremsen nicht gerne...

Super gefährlich verhalten sich auch die Kollegen, die kein Problem mit dem Auffahren haben, sondern gleich vom Beschleunigungsstreifen auf die linke Spur ziehen. Am besten quer über zwei Fahrstreifen hinweg. Vollgas, ohne Rücksicht!

Wenn ich auf eine Autobahn auffahre, fahre ich zuerst auf den rechten Fahrstreifen. Auch wenn ich vor mir einen LKW habe oder ein anderen langsamer fahrenden PKW, bleibe ich erstmal rechts.

Dann beobachte ich den fließenden Verkehr auf den linken Fahrstreifen. Und erst dann suche ich mir eine entsprechende Lücke und wechsele auf die schnelleren Spuren.

Frage: Was ist das Reißverschlussverfahren?

Wenn ein Fahrstreifen endet und der Verkehr von z.B. drei auf zwei Fahrstreifen geführt wird, was tun?

Noch so ein Aufreger, wo ich einfach glaube, dass viele Autofahrer nicht wissen, wie es richtig geht, das sogenannte Reißverschlussverfahren.

§ 7 Benutzung von Fahrstreifen durch Kraftfahrzeuge[77]

(4) Ist auf Straßen mit mehreren Fahrstreifen für eine Richtung das durchgehende Befahren eines Fahrstreifens nicht möglich oder endet ein Fahrstreifen, ist den am Weiterfahren gehinderten Fahrzeugen der Übergang auf den benachbarten Fahrstreifen in der Weise zu ermöglichen, dass sich diese Fahrzeuge unmittelbar vor Beginn der Verengung jeweils im Wechsel nach einem auf dem durchgehenden Fahrstreifen fahrenden Fahrzeug einordnen können (Reißverschlussverfahren).

---

[77] (StVO, §7 Benutzung von Fahrstreifen durch Kraftfahrzeuge 2019)

Jeder hat so eine Situation schon mal miterlebt.

Man fährt auf einer Fahrbahn, hat zwei Fahrstreifen für seine Richtung und plötzlich kommt man an eine Baustelle.
Der eine Fahrstreifen wird gesperrt, und alle Fahrzeuge, die vorher auf zwei Fahrstreifen verteilt waren, müssen nun auf einen Streifen wechseln.

Jetzt stellt sich die Frage: Wie geht das und wer lässt wen evtl. vor?

Manche Leute fahren bis zur Baustelle vor, um am Ende ihres Fahrstreifens direkt vor der Baustelle auf den anderen weiterführenden Streifen zu wechseln.
Manchmal werden die auch reingelassen, manchmal aber auch nicht. Stattdessen werden sie angehupt und kriegen vom Anderen den gewissen Finger gezeigt!

Wieder andere Autofahrer gehen auf Nummer sicher und fädeln sich schon einen halben Kilometer vor der Baustelle auf dem weiterführenden Streifen ein.
Sie ersparen sich so den Stress beim Fahrstreifenwechsel und stellen sich ganz brav hinten an!

Was ist nun richtig?

Zwei Leute verhalten sich falsch!

Einmal der defensive Fahrer der sich hinten anstellt. Zweitens der hupende Fingerzeiger, der den anderen Autofahrer am endenden Fahrstreifen kurz vor der Baustelle nicht, oder nur unter Protest einfädeln lässt!

Das richtige Verhalten ist das Reißverschlussverfahren!

Beim Reißverschlussverfahren lässt jeder von dem weiterführenden Streifen ein Fahrzeug von dem endenden Fahrstreifen vor.

Aus der Luft betrachtet sieht das Ganze von oben aus wie ein Reißverschluss, daher der Name.

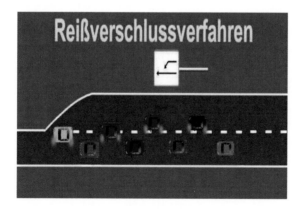

Warum macht man das so?

Ein Auto hat im Stau ungefähr einen Platzbedarf von 7,5 m. Bei 20 Autos sind das dann schon 150 m usw.!

Wenn viel Verkehr ist, kommen evtl. hunderte von Fahrzeugen auf einmal.
Wenn sich alle auf einem Fahrstreifen hintereinanderstellen, ist das ein extrem langer Stau.
Darum sollen die Fahrzeugschlangen so kurz wie möglich gehalten werden und sich auf beide Fahrstreifen gleichmäßig verteilen.

Darum, macht man das so!

Wenn Du in einer solchen Situation auf dem durchgehenden Fahrstreifen bist, lässt Du bitte ein Fahrzeug von dem endenden Fahrstreifen vor.

Bist Du auf dem Fahrstreifen, der an der Baustelle endet, freu Dich über Fahrzeuge, die es falsch machen und sich ganz weit hintenanstellen.

Du fährst dann bitte bis ganz zum Ende Deines Fahrstreifens an allen Fahrzeugen vorbei und wechselst direkt vor der Baustelle den Fahrstreifen.

Denn Du weißt jetzt, wie es richtig funktioniert.

Nur mit dem Reißverschlussverfahren verhältst Du Dich richtig.

Also erst nachdenken, bevor man sich aufregt. Denn, wenn man nicht bis zum Ende des Fahrstreifens fährt, verschenkt man zu viel Platz und der Stau dauert länger....

Frage: Wozu dient ein Standstreifen?

Beim Thema Beschleunigungsstreifen hatte ich ja schon den Standstreifen erwähnt.

Immer wieder erlebe ich, dass der Standstreifen als Fahrbahn benutzt wird.

Es ist ja auch verlockend, z.B., wenn vor einer Ausfahrt Stau ist und man ein paar hundert Meter vorher auf den Standstreifen fahren kann, um dann schneller abzufahren, verlockend, aber verboten.

Wofür sonst ist dieser Standstreifen denn da?

Grundsätzlich ist das Halten auf dem Standstreifen laut §18 der StVO, Absatz 6, Satz 8 verboten.[78] Genauso ist der Standstreifen nicht Bestandteil der Fahrbahn. Er darf auch nicht zum Befahren genutzt werden, um schneller die Ausfahrt zu erreichen, wenn mal wieder auf der Autobahn Stau ist.

Aufgrund der alleinigen Sicherheitsfunktion des Seitenstreifens ist eine Benutzung daher nur für zwingende Notfälle vorgesehen.

Dies ist zum Beispiel der Fall, wenn eine Panne das Anhalten des Fahrzeuges erforderlich macht oder nach einem Unfall das Fahrzeug auf dem Seitenstreifen abgestellt werden muss.

Ausnahmsweise ist die Benutzung der Standspur auch zulässig, wenn eine besondere polizeiliche Anweisung erfolgt ist.

---

[78] (StVO, § 18 Autobahnen und Kraftfahrstraßen, Absatz 6, Satz 8 2019)

Oder bei einem besonderen Verkehrszeichen (Nummer 223. 1), welches die Benutzung des Seitenstreifens erlaubt.

Auf dem Schild sind drei weiße Pfeile auf blauem Grund zu sehen. Zwischen den zwei linken Pfeilen und dem rechten Pfeil ist eine weiße Linie gezogen. Dies berechtigt den Seitenstreifen solange zu befahren bis der rechte Streifen durch einen roten Balken durchgestrichen ist.

Zeichen: 223.1[79]
„Seitenstreifen befahren"

---

[79] (StVO, Anlage 2, Abschnitt 4, lfd.Nr. 11, § 41 Absatz 1 2019)

Leider sehen wohl zu viele Autofahrer dieses
Schild, obwohl es gar nicht da ist und
benutzen den Standstreifen trotzdem.

Manchmal erschrecke ich mich regelrecht,
wenn einer rechts von mir auf dem
Standstreifen an mir vorbei rast...und
natürlich ist es auch gefährlich.

Und was ich auch immer knifflig finde, ist
folgende Situation:
Die Abfahrt ist wegen Stau voll und auch der
gesamte Verzögerungsstreifen ist dicht. Der
restliche Verkehr auf der Autobahn läuft
flüssig. Wo stell ich mich nun hin, wenn ich
auch abfahren muss?
Auf den Standstreifen, wie es viele Autofahrer
machen, oder auf die rechte Fahrbahn, was
aus meiner Sicht total wahnsinnig ist...

Beides ist verboten, also was tun?

Ich habe dazu mal mit einem Polizisten der
Autobahnpolizei gesprochen.
Er bestätigte, dass beides nicht erlaubt ist,
und auf die Frage was denn richtig wäre zu
tun, sagte er: "Weiterfahren bis zur nächsten
Ausfahrt".

Ja, das ist die einzig richtige Handlung und das lernt man auch so in der Fahrschule, so blöd wie das dann in der Praxis auch ist.

Die sicherste Möglichkeit, ist und bleibt das Weiterfahren.

Frage: Wann fang ich an, mich bei Autobahnausfahrten oder Autobahnkreuzen einzuordnen?

Immer wieder beobachte ich die Autofahrer, die von links kurz vor einer Ausfahrt oder in einem Autobahnkreuz merken, dass sie ja abfahren wollen.

Dann ziehen die über drei Fahrstreifen quer rüber und fahren dann noch über die bereits durchgezogene Linie am Ausfädelungsstreifen.

Eine Gefahr für ihn und andere...

Klar passiert das jedem mal, dass er einfach zu spät merkt, er hätte abfahren müssen. Dann muss ich halt die nächste Ausfahrt nehmen und fertig.

Ich habe mir angewöhnt, je nach Verkehrslage, 1000 m vor der Ausfahrt zu reagieren.

Überhol ich den LKW jetzt noch und ordne mich dann rechts ein, oder fahre ich sofort nach rechts?

Je voller es ist, desto eher ordne ich mich ein. Spätestens 300 m vor der Abfahrt bin ich rechts.

Und dann gibt es die ganz „Schlauen" oder sollte ich lieber sagen die ganz „Frechen" und „Abgebrühten".

Die fahren ganz nach vorn, setzen dann den Blinker (natürlich müssen die jetzt auch mal bremsen) und bleiben auf dem rechten Fahrstreifen einfach stehen.

Regelmäßig müssen vor allem LKW, die eben nicht abfahren, stark bremsen.

Ich hätte viel zu viel Angst vor einem Crash.

Die meisten LKW-Fahrer fangen dann an zu hupen, was sich auch schon echt bedrohlich anhört und müssen in die Eisen...nicht schön.

Der Nutzen (Zeitersparnis) steht für mich in keinem Verhältnis zu der Gefahr, die ich durch diese Aktion riskiere.

Bitte denk nächste Mal an diese Worte und überlege, wie Du Dich verhalten willst.

Frage: Warum gibt es immer wieder Geisterfahrer auf den Autobahnen?

Du kennst die Meldung sicherlich aus dem Radio.

Die Warnung vor einem Geisterfahrer auf einer Autobahn "...fahren Sie in beiden Richtungen äußerst rechts und überholen Sie nicht."

Warum warnen die für beide Richtungen, wenn doch in der Warnmeldungen von einer Richtung die Rede ist.

Dazu musst Du wissen, wie solche Falschfahrermeldungen entstehen.
In der Regel melden andere Autofahrer den Geisterfahrer der Polizei per Handy über 110.

Keine Sorge, über den nächsten Funkmasten wird automatisch die nächstgelegene Leitzentrale der Polizei angerufen.

Die leitet diese Meldung ohne vorherige Prüfung direkt an die Radiosender weiter. Streifenwagen der Polizei in der Nähe des Falschfahrers werden informiert.

Die Radiosender unterbrechen das laufende Programm und warnen die Hörer.

Leider kann man damit nicht alle Autofahrer erreichen. Hier müsste es ein technisch weiter entwickeltes Infosystem geben, das wirklich jeden Autofahrer erreicht.

In dieser Kette, oder schon bei der Meldung durch den Autofahrer, kann es zur Verwechselung der Fahrtrichtung gekommen sein. Deshalb die Warnung in beide Richtungen, einfach zur Sicherheit.

Auf deutschen Straßen sind rund 2000 Falschfahrer jährlich unterwegs.
Aber wie kommt es dazu?

Gründe gibt es viele:
Stress beim Autofahren, Ablenkung, Ortsunkenntnis, verwirrende Verkehrsführung in Baustellen, Fahrt unter Drogen, Absicht bei

Selbstmordgedanken oder psychischen Krankheiten, usw.

Lt. ADAC solltest Du Dich wie folgt verhalten, wenn sich ein Geisterfahrer auf Deiner Strecke befindet:

- Reduziere Deine Geschwindigkeit, aber bleibe nicht stehen. Dies könnte zu einer Gefährdung des nachfolgenden Verkehrsteilnehmers führen.

- Fahre auf die äußere rechte Fahrspur und bleibe dort.

- Überhol nicht.

- Halte Sicherheitsabstand zum vorausfahrenden Fahrzeug.

- Richte Dich darauf ein, im Notfall auf den Seitenstreifen auszuweichen.

- Zieh in Erwägung, die nächste Abfahrt zu nehmen oder einen Parkplatz anzusteuern.

- Lass den Verkehrsfunk eingeschaltet. Auf die Weise wirst Du informiert, sobald die Gefahr vorbei ist.

Und wenn Du selbst der Falschfahrer bist?

Auch für den Fall sieht der ADAC einige Verhaltensregeln für sinnvoll und wichtig, um Unfälle weitestgehend auszuschließen:

- Schalte umgehend Deine Fahrzeugbeleuchtung ein und betätige die Warnblinkanlage.
- Versuch nicht zu wenden.

- Steuer den nächstgelegenen Fahrbahnrand an (auf keinen Fall den gegenüberliegenden Standstreifen).

- Halte Dein Fahrzeug so dicht wie möglich an der Leitplanke.

- Steig dann vorsichtig aus und begebe Dich umgehend hinter die Leitplanke.

- Ruf den Notruf 110 und warte hinter der Leitplanke auf das Eintreffen der Polizei bzw. der Rettungskräfte.

Natürlich bekommt der Geisterfahrer ein
Bußgeld, aber das wäre mir scheiß egal,
Hauptsache ich bin am Leben und habe keine
anderen Verkehrsteilnehmer verletzt.
Ich persönlich hatte auch schon mal ein
Falschfahrererlebnis. Ich fuhr auf der A1 bei
Hagen Richtung Bremen, als ich zuerst im
Radio, dann auch auf meiner Navi App die
Falschfahrermeldung hörte.

Ich brauchte einen Moment, um zu realisieren,
dass sich diese Warnmeldung ja auf meinen
Streckenabschnitt bezog...

„Ach Du Scheiße", dachte ich, und war gerade
auf der linken Spur unterwegs. Genau da
stellte ich mir jetzt den Geisterfahrer vor....

Ich wechselte nach ganz rechts, reduzierte die
Geschwindigkeit und fuhr langsamer weiter.

Was mich total überraschte war, dass ich der
Einzige war, der so reagiert hatte.

Andere Autofahrer rasten links und in der
Mitte an mir vorbei.
Mein Herz raste auch...aber ich konnte die
anderen ja nicht warnen.

Vielleicht hatten die kein Radio oder Navi an.

Wahnsinn, wenn man ohne Vorwarnung auf der Autobahn auf einen Geisterfahrer trifft.

Immer wieder gehen ja solche Meldungen von schweren Unfällen durch Geisterfahrern durch die Medien -bei mir war totales Kopfkino.

Nach einer gefühlten Ewigkeit kam dann die Entwarnung im Radio. Gesehen habe ich den Geisterfahrer nicht.

Was auch immer da passiert war, konnte ich nicht mehr klären.

Das mulmige Gefühl blieb noch eine ganze Weile, es war ja zum Glück nichts passiert...

Was tut die Polizei, wenn eine Falschfahrermeldung aufläuft?

Die Frage ist nicht so leicht zu beantworten.

Autobahn sperren vor dem Falschfahrer?

Von der Gegenfahrbahn durch Lautsprecheransagen Einfluss nehmen. Neben den Falschfahrer fahren, während ein zweites Polizeifahrzeug den normalen Verkehr gestoppt hat, sind nur einige Optionen.

Zum Schluss kann es zum Einsatz von sogenannten Stop- Sticks kommen, das sind dreieckige Kunststoffschienen, die spitze Hohlröhrchen beinhalten.

Anders als bei früher verwendeten Nagelbrettern, funktionieren diese Hohlröhrchen so, dass die Luft aus den Reifen langsam entweicht, und nicht wie bei Nagelbrett schlagartig.
Dadurch wird die Unfallgefahr durch das Ausbrechen des Fahrzeuges gemindert.
Nach etwa 100 m ist nach dem Stop- Stick Schluss mit der Irrfahrt.

Wie genau, die Polizei reagiert, müssen die Polizisten, je nach Situation entscheiden...eine schwierige Aufgabe, da natürlich der Schutz des Lebens der Einsatzkräfte Vorrang hat.

Frage: Welcher Abstand zum vorausfahrenden Auto ist der Richtige?

Eine ganz wichtige Frage im Straßenverkehr ist die Frage nach dem Abstand zum vorausfahrenden Fahrzeug.

Für mich eine der Hauptursachen für Unfälle,
manchmal mit kleinen Blechschäden,
manchmal mit Toten...

Aus der Fahrschule kann man sich vielleicht
noch an Reaktionsweg und Bremsweg
erinnern, und dann ist vielleicht noch eine
Regel hängen geblieben.
Richtiger Abstand =Halber Tachowert in
Metern.

Dies gilt allerdings auch nicht immer, also
nochmal zum Anfang zurück...

Worum geht es beim Thema
Sicherheitsabstand?

Es geht ganz einfach darum, dem Vordermann
nicht aufzufahren, egal warum der gerade
bremst und ob man damit hätte rechnen
müssen, oder nicht.
Wer auffährt hat immer die Pappnase auf und
meistens auch Schuld, auf jeden Fall Ärger
und Stress.

Wenn ich allerdings auf Autobahnen sehe was
da abgeht, hört der Spaß auf.

Hier wird zu dicht aufgefahren und beim Fahrstreifenwechsel der Sicherheitsabstand des Anderen völlig missachtet.

Und hier können Unfälle ganz schnell auch tödlich enden...

Dieses Thema ist mir echt wichtig, da es mich immer wieder aufregt.
Entweder wissen viele nicht wie gefährlich das ist, weil sie sich der Grundlagen nicht bewusst sind, oder wir sind mal wieder beim Terminator (ob der das Buch liest ist ja eh fragwürdig, ich würde mich freuen...).

Was sagt die StVO zum Thema Abstand?

§ 4 Abstand[80]

(1) Der Abstand zu einem vorausfahrenden Fahrzeug muss in der Regel so groß sein, dass auch dann hinter diesem gehalten werden kann, wenn es plötzlich gebremst wird. Wer vorausfährt, darf nicht ohne zwingenden Grund stark bremsen.

---

[80] (StVO, § 4 Abstand 2019)

(2) Wer ein Kraftfahrzeug führt, für das eine besondere Geschwindigkeitsbeschränkung gilt, sowie einen Zug führt, der länger als 7,00 m ist, muss außerhalb geschlossener Ortschaften ständig so großen Abstand von dem vorausfahrenden Kraftfahrzeug halten, dass ein überholendes Kraftfahrzeug einscheren kann. Das gilt nicht,

1. *wenn zum Überholen ausgeschert wird und dies angekündigt wurde,*

2. *wenn in der Fahrtrichtung mehr als ein Fahrstreifen vorhanden ist oder*

3. *auf Strecken, auf denen das Überholen verboten ist.*

(3) Wer einen Lastkraftwagen mit einer zulässigen Gesamtmasse über 3,5 t oder einen Kraftomnibus führt, muss auf Autobahnen, wenn die Geschwindigkeit mehr als 50 km/h beträgt, zu vorausfahrenden Fahrzeugen einen Mindestabstand von 50 m einhalten.

Nur beim LKW steht ein Mindestabstand in Metern, ansonsten steht da nichts Konkretes. Also muss man sich überlegen wieviel Abstand wohl genug ist, um einen Auffahrunfall zu vermeiden.

Dazu musst Du Dir vor Augen führen, wie so ein Bremsvorgang genau abläuft.

Bis eine Bremswirkung überhaupt eintritt, geht man von einer Reaktionszeit von 1 Sekunde aus.
In dieser Sekunde fährt Dein Auto ja weiter und legt einen bestimmten Weg zurück.
Erst dann fängt der Bremsweg an, bis Du dann tatsächlich stehst.

Man spricht hier vom Anhalteweg:

Anhalteweg = Reaktionsweg + Bremsweg

Bei 50 km/h beträgt der Reaktionsweg ca. 15 m und der Bremsweg (bei einer Gefahrenbremsung, also Vollbremsung) ca.12,5 m.
Insgesamt beträgt der Anhalteweg 27,5 m.

Um nicht auf ein Auto aufzufahren, das augenblicklich zum Stehen kommt, muss der

Sicherheitsabstand so groß gewählt werden, wie der gesamte Anhalteweg lang ist.

Wichtig ist auch noch der physikalische Zusammenhang, dass sich der Bremsweg bei Verdopplung der Geschwindigkeit vervierfacht.

Die Einhaltung des gesamten Anhalteweges ist allerdings nur selten notwendig, da auch der Vordermann ja i. d. R. einen Bremsweg hat, also nicht augenblicklich zum Stehen kommt. Für die Praxis hat sich eine Faustformel durchgesetzt:

Innerorts solltest Du 1 Sekunde Abstand zum Vordermann halten, was bei 50 km/h 15 Metern oder 2 Fahrzeuglängen entsprechen.

Bei Überlandfahrten sind 2 Sekunden oder der halbe Tachowert gefordert, was bei 100 km/h nach einer mindestens 50 Meter großen Lücke verlangt.
(Abstand zwischen zwei Leitpfosten in Deutschland am Straßenrand)

Für Lastwagen über 3,5 Tonnen Gewicht und Omnibusse gilt bereits ab 50 km/h ein Sicherheitsabstand von mindestens 50 Metern. Leider ist dies alles in der Praxis auf Autobahnen kaum wirklich einzuhalten, da immer wieder andere Autofahrer oder auch LKW-Fahrer den Sicherheitsabstand des Anderen missachten und einfach reinziehen.

Jetzt kannst Du dichter auffahren, um denen zu zeigen, dass deren Verhalten falsch war.

Allerdings ist das natürlich sehr gefährlich und nicht erlaubt.

Du kannst Lichthupe machen, das mach ich manchmal, um mir etwas Luft zu machen. Aber letztendlich bremse ich dann sachte, um wieder den richtigen Abstand aufzubauen. Oder ich fahre nach rechts um gemütlich und sicherer weiterzufahren und lass die Andern rasen und drängeln....

Wenn man erwischt wird, wird es teuer. Leider werden aus meiner Sicht zu wenige erwischt.

Wer den „Halber-Tachowert-Abstand" nur leicht unterschreitet, hat meist noch nichts zu befürchten.

Erst bei 5/10, also bei Unterschreitung der Hälfte des geforderten Abstandes, geht es los. Bei Abstandsvergehen unterhalb von 80 km/h liegen die Verwarngelder zwischen 25 und 35 Euro.

Jenseits der 80 km/h drohen Dir laut Bußgeldkatalog nicht nur saftigere Strafen, sondern immer auch Punkte in Flensburg. Mit Fahrverboten musst Du bei hohen Geschwindigkeiten und kürzeren Abständen rechnen.

Frage: Wie kontrollierst Du denn nun Deinen richtigen Abstand praxisgerecht?

Ich find das echt schwierig, beim Fahren auch noch den Abstand zum Vordermann festzustellen.
Ein paar Möglichkeiten gibt es dann allerdings doch:

Die 1 – 3 Sekunden Regel:

Du merkst Dir einen festen Punkt, woran der Vordermann gerade vorbeigefahren ist und zählst die Sekunden bis Du selbst an dem Punkt angekommen bist.

Dazu musst Du wissen (wie oben beschrieben), wie viele Meter Du pro Sekunde bei welcher Geschwindigkeit zurücklegst.

Ganz einfach zu merken ist:

bei 50 km/h fährst Du ca.15 m/ Sekunde

bei 100 km/h fährst Du ca. 30m / Sekunde

bei 150 km/h fährst Du ca. 45m / Sekunde
bei 200 km/h fährst Du ca. 60 m /Sekunde
Also, ganz einfach je 50 km/h; 15 m mehr

Im Ortsverkehr ist die Empfehlung, einen Abstand von min. einer Sekunde, außerorts eher drei Sekunden einzuhalten.
So kommt man dann auch auf die Faustformel mit dem halben Tachoabstand.
Auf der Autobahn mit 150 km/h sind dann zwei Sekunden ca. 90 Meter (lieber etwas mehr, als zu wenig).

Die Leitpfosten-Regel

Die Leitpfosten z.B. auf Autobahnen sind immer 50 m auseinander. Allerdings finde ich es schwierig, während der Fahrt die Leitpfosten dem Vordermann und mir zuzuordnen...

Die PKW/LKW Regel

Abstand abschätzen mithilfe der auf der Nebenfahrbahn fahrenden Fahrzeuge.
Ein PKW ist ca. 7,5 m lang, ein LKW zwischen 12 und 18 m lang. Auch dies ist in der Praxis schwierig, immer diese Rechnerei.

Aus meiner Sicht ist die 1-3 Sekunden-Regel am besten anwendbar.
Egal was Dir am besten liegt, wenn Du Dir überhaupt Gedanken machst über den Abstand, ist es gut und führt zu mehr Sicherheit auf unseren Straßen...

Frage: Was besagt das Rechtsfahrgebot?

Jeder kennt diesen besagten Mittelspurfahrer, der, obwohl rechts komplett frei ist, auf der mittleren Spur gemütlich mit 130 km/h her tuckert.
Hinter dem bist Du gezwungen, auf den linken Fahrstreifen zu wechseln. Blöd, aber nicht zu ändern.

Wie ist das genau mit diesem Rechtsfahrgebot?

Zuerst hilft die StVO:

§ 2 Straßenbenutzung durch Fahrzeuge[81]

(1) Fahrzeuge müssen die Fahrbahnen benutzen, von zwei Fahrbahnen die rechte. Seitenstreifen sind nicht Bestandteil der Fahrbahn.

(2) Es ist möglichst weit rechts zu fahren, nicht nur bei Gegenverkehr, beim Überholtwerden, an Kuppen, in Kurven oder bei Unübersichtlichkeit.

Soweit, so gut. Allerdings keine Regel ohne Ausnahme:

---

[81] (StVO, § 2 Straßenbenutzung durch Fahrzeuge 2019)

§ 7 Benutzung von Fahrstreifen durch Kraftfahrzeuge[82]

(1) Auf Fahrbahnen mit mehreren Fahrstreifen für eine Richtung dürfen Kraftfahrzeuge von dem Gebot, möglichst weit rechts zu fahren (§ 2 Absatz 2) abweichen, wenn die Verkehrsdichte das rechtfertigt. Fahrstreifen ist der Teil einer Fahrbahn, den ein mehrspuriges Fahrzeug zum ungehinderten Fahren im Verlauf der Fahrbahn benötigt.

„Wenn die Verkehrsdichte das rechtfertigt", mal wieder so ein unbestimmter Rechtsbegriff. Dieser § 7 weicht das Rechtsfahrgebot auf, damit der Verkehrsteilnehmer nicht ständig Fahrstreifen wechseln muss. Dies birgt ja auch ein Gefährdungspotenzial.

Nur, wann ist denn nun eine Lücke rechts groß genug, um dann auch rechts zu fahren?

Bisher habe ich das immer nach Gefühl gemacht, es kommt ja eben auf die Verkehrsdichte an.

Ein Bekannter von mir hat genau deswegen 100 € Verwarngeld und einen Punkt bekommen.

---

[82] (StVO, § 7 Benutzung von Fahrstreifen durch Kraftfahrzeuge 2019)

Ich will jetzt hier nicht auf einen Einzelfall im Detail eingehen, nur so viel zum Fall.

Er war bei Regen auf der dreispurigen A2 von Bielefeld Richtung Oberhausen unterwegs, auf der Mittelspur. Rechts fuhren LKW. Und da dichter Verkehr herrschte, die Gischt die Sicht behinderte, blieb er auf der Mittelspur.

Hinter ihm war die Polizei. Lange Rede kurzer Sinn, er wurde angehalten und erhielt eine Ordnungswidrigkeitenanzeige bezüglich des Verstoßes gegen das Rechtsfahrgebot.
Nach Meinung der Polizisten hätte er rechts fahren müssen.

Das Ganze ging vor Gericht und dabei kam eine interessante Definition der Verkehrsdichte heraus.

Es gibt wohl ein Urteil (vgl. OLG Celle, 2 Ss 220/68)[83], nach dem rechts zu fahren ist, wenn man dort 20 Sekunden mit gleichbleibender Geschwindigkeit weiterfahren könnte...

---

[83] (OLG Celle, Urteil vom 01.07.1968 Az. ‚2 Ss 220/68 , dejure.org Rechtsinformationssysteme GmbH, Mannheim 1968)

Bei meinem Bekannten ist das Urteil
rechtskräftig, er verzichtete auf weitere
Rechtsmittel und zahlte.

Wie gesagt, ich kenne nicht alle Einzelheiten
und bin auch kein Jurist, deshalb will ich
auch dieses Urteil meines Bekannten nicht
bewerten.

Zu dieser „20 Sekunden Regel" habe ich
allerdings eine Meinung:
Die finde ich total unsinnig und realitätsfremd.
Wer rechnet sich so etwas während der Fahrt
aus? Kein Mensch! Und das Urteil ist schon
über 50 Jahre alt...
Und auch das ist meine persönliche Meinung.
Da gibt es gravierendere Verkehrsvergehen,
um die sich die Polizei kümmern sollte.

Frage: Warum schon wieder eine Baustelle auf der Autobahn?

Neben denjenigen, die grundsätzlich die StVO
nicht beachten, nerven mich auch diese vielen
Baustellen auf den Autobahnen.

Ich fahre regelmäßig von Lünen nach Mannheim, das sind so ca. 330 km. Dabei befahre ich sieben Autobahnen mit aktuell 25 Baustellen.
Die Gründe für Autobahnbaustellen, gerade in NRW sind vielfältig.

Brückensanierungen, Fahrbahnerneuerungen oder Reparaturen, Markierungsarbeiten, Fahrbahnerweiterungen (aus zwei Spuren mach drei), usw.
Es ist in den letzten Jahrzehnten einfach zu wenig in die Infrastrukturen der Straßen investiert worden und jetzt hab ich das Gefühl, wird versucht, alles auf einmal und gleichzeitig nachzuholen...

Allerdings kann man sich über die Baustellen informieren. Was wird hier gemacht, wie lange sind die Arbeiten geplant, und so weiter.

Aber, alles der Reihe nach...

Als Einstieg gibt es die ADAC Staubilanz 2018 vom 17.01.2019, die einen Überblick über Deutschland gibt:[84]

---

[84] (ADAC e.V. München, Staubilanz 2018 2019)

Hier ein Auszug:

„Die Zunahme der Staus könnte nach Expertenmeinung ihre Ursache in der um 0,2 Prozent gestiegenen Kfz-Fahrleistung – errechnet von der Bundesanstalt für Straßenwesen (BASt) – sowie dem leichten Anstieg der Baustellenzahl (3 Prozent gegenüber Vorjahr) haben. Im Jahresmittel waren mehr als 10 Prozent des Autobahnnetzes von Baustellen längerer Dauer betroffen.

Insgesamt mussten Autofahrer in diesem Jahr rund 459.000 Stunden (ca. 52 Jahre!) im Stau ausharren und damit ähnlich häufig wie 2017. Keine große Überraschung ergab der Bundesländervergleich:

Wie in den Vorjahren entfielen auf Nordrhein-Westfalen (35 Prozent), Bayern (17 Prozent) und Baden-Württemberg (11 Prozent) knapp zwei Drittel aller Staus. Bei den Staukilometern lag Nordrhein-Westfalen ebenfalls wieder vorn mit insgesamt rund 486.000 Kilometern. "

Hier der gesamte Bericht:

https://www.adac.de/der-adac/verein/corporate-news/staubilanz/

Diese Zahlen bestätigen mein Gefühl, dass es in NRW am schlimmsten ist...

Wie bei jeder Baustelle (ob ich ein Haus baue, oder eine Straße repariere) gibt es einen Bauherrn.
Wem gehören die deutschen Autobahnen?

Dem Bund also dem Staat, zuständiges Ministerium ist das BMVI (Bundesministerium für Verkehr und digitale Infrastruktur).

Der gibt das Geld und setzt Prioritäten. Die Länder kümmern sich ums Planen und Bauen.

Dazu gibt es 16 Landesbaubehörden. In Bayern ist das z.B. das bayrische Staatministerium für Wohnen, Bauen und Verkehr; in NRW ist das Ministerium für Verkehr des Landes Nordrhein-Westfalen, usw.

Da ich in NRW lebe, möchte ich hier auch nur auf die Verhältnisse und Zuständigkeiten in NRW eingehen.
Ich denke in anderen Bundesländern wird es ähnlich sein...

Hier in NRW delegiert das Ministerium das Thema Autobahnen an den Landesbetrieb Straßen.NRW.

Der Landesbetrieb Straßenbau Nordrhein-Westfalen (Straßen.NRW) ist ein Teil der Landesverwaltung.

Er plant, baut und betreibt alle Autobahnen, Bundes- und Landesstraßen im bevölkerungsreichsten Bundesland.

Wie oben schon erwähnt, fehlt an Baustellen oft die Info, was wird gemacht, wie lange ist diese Baustelle geplant, usw.

Dieses Informationsdefizit kannst Du abstellen, musst allerdings selbst aktiv werden.

Zum einen kann man bei Straßen.NRW anrufen, kostenlos.

Hier ein Auszug von deren Homepage:[85]

Kontakte

 08000-787277 - die Straßen-Info von Straßen.NRW

*Montags bis freitags von 8 bis 16 Uhr steht Ihnen unsere kostenlose Servicenummer für Fragen zum Autobahnnetz in Nordrhein-Westfalen zur Verfügung: **Telefon 08000-787277.***

Unsere Mitarbeiterinnen und Mitarbeiter informieren Sie über die Dauer und den Umfang von Baustellen.

Auch wenn Sie Hindernisse auf der Fahrbahn melden wollen, sich über ein verschmutztes Toilettenhäuschen geärgert haben oder ein Schild nicht lesen konnten:

---

[85] (Landesbetrieb Straßenbau Nordrhein-Westfalen, Kontaktinfo 2020)

Rufen Sie uns an!

Das ist doch schon mal etwas Positives.
Ich hab da einfach mal angerufen, da ich vor
meiner Haustür, direkt vorm Kamener Kreuz
eine Baustelle habe, die echt nervt…, also
wollte ich mehr darüber erfahren.
Die Frau am Telefon war echt nett und führte
mich auf eine Seite im Netz unter:[86]

https://www.verkehr.nrw/

Hier kann man sich über jede Baustelle gut
informieren. Als Beispiel zu meiner Anfrage:

A2 | AS Dortmund-Lanstrop - AK Kamener
Kreuz
beide Richtungen

---

[86] (Landesbetrieb Straßenbau Nordrhein-Westfalen, Verkehrszentrale
2020)

Beginn: 10.02.2019 00:00
Ende: 05.09.2019 00:00
(Ende der Gesamtmaßnahme: 20.03.2020
00:00)
Brückenneubau | Länge: 1.47 km | max. 60
km/h
AS Dortmund-Lanstrop

AK Kamener Kreuz
Für Schwerlasttransport

max. Fahrbahnbreite je Fahrtrichtung:

- Richtung AK Kamener Kreuz = 5.85 m
- Richtung AS Dortmund-Lanstrop = 8.45 m

Dann habe ich dort ein weiteres Mal angerufen
und gefragt, warum es gerade so viele
Baustellen auf einmal sind.
Und warum man manchmal den Eindruck hat,
dass auf manchen Baustellen nie Bauarbeiter
zu sehen sind, die arbeiten.
Und warum das alles nicht schneller geht...

Und auch beim zweiten Anruf erklärte man
mir nett und freundlich, welche Faktoren
dabei eine Rolle spielen.

Jede Baustelle hat ein Baustellenmanagement,
die Mitarbeiter tun was sie können, um die

Belastungen für den Verkehr so gering wie möglich zu halten.
Aber es sind auch nur Menschen. Hier werden Fehler gemacht, hier gibt es techn. Probleme auf den Baustellen, hier gibt es Bauunternehmen, die nicht termingerecht arbeiten, Urlaub, krankheitsbedingte Ausfälle, Personalknappheit, wetterbedingte Verzögerungen usw., usw.

Was ich sagen will, keiner will uns Autofahrer unnötig ärgern. Manchmal wissen wir eben die einzelnen Hintergründe nicht, also locker bleiben, bevor Du vorschnelle Urteile fällst. Ähnliche Infos zu Baustellen bekommst Du auch unter:[87]

https://www.bast.de/baustelleninfo

[87] (Baustelleninformationssystem des Bundes und der Länder, BASt 2020)

Die BASt steht für Bundesanstalt für Straßenwesen und bietet insgesamt viele interessante Informationen zum Thema Verkehr. Schau da ruhig mal drauf, lohnt sich...

Ein weiterer Aufreger sind die eh schon zu wenigen Parkplätze auf Autobahnen. Und dann sind die wenigen auch noch gesperrt, warum?

Auch hier bekommt man Informationen bei Straßen. NRW, als Beispiel:[88]

Pressemitteilung vom 07.09.2016:

A2: Rastanlagen bei Beckum gesperrt

Beckum/Coesfeld (Straßen. NRW). Die beiden gegenüberliegenden A2-Rastanlagen Brunsberg (Fahrtrichtung Dortmund) und Stettin (Fahrtrichtung Hannover) bei Beckum werden ausgebaut und sind deswegen bis zum Sommer 2017 gesperrt.

---

[88] (Landesbetrieb Straßenbau Nordrhein-Westfalen, Pressemitteilungen 2018, 2019)

Der Verkehr auf der Autobahn wird durch die Bauarbeiten nicht beeinträchtigt.

Im Zuge der Arbeiten werden die Rastanlagen auf jeweils 32 Parkplätze für Lkw (bislang acht) und 30 für Pkw erweitert.

Zusätzlich werden auf jeder Seite 160 Meter lange Extra-Standstreifen für Schwertransporter und je zwei Behindertenparkplätze gebaut. Die neuen Rastanlagen werden zukünftig beleuchtet und sollen dadurch Sicherheit und Komfort der Rastsuchenden erhöhen.

Außerdem werden sie mit WC-Anlagen ausgestattet, die es dort bislang nicht gibt.

Um die Rastanlagenbesucher - besonders die Lkw-Fahrer während ihrer Ruhezeiten - vor dem Lärm der Autobahn zu schützen, werden für beide Anlagen 160 Meter lange Lärmschutzwände errichtet.

Das Schmutzwasser der WC-Gebäude wird demnächst in die vier Kilometer entfernte Kläranlage von Beckum gepumpt. Für die Ableitung des Regenwassers wird ein zusätzliches Regenrückhaltebecken an das bestehende Regenklärbecken gebaut. Die Straßen.NRW-Regionalniederlassung Münsterland investiert in den Ausbau

4,5 Millionen Euro aus Bundesmitteln.

Pressemitteilung vom 25.07.2018

A2: 46 neue LKW-Stellplätze

Hamm/Beckum (Straßen. NRW). Am Freitag (27.7.) werden die Rastanlagen Brunsberg und Stettin an der A2 für den Verkehrsteilnehmer wieder zur Verfügung stehen.

Die Rastanlagen liegen zwischen den Anschlussstellen Hamm-Uentrop und Beckum.

In den vergangen eineinhalb Jahren wurden die Anlagen von der Straßen.NRW-Regionalniederlassung Münsterland für rund fünf Millionen Euro umgebaut und erweitert.

Dabei wurden 46 neue LKW Stellplätze geschaffen, die Rastplätze wurden mit einer WC-Anlage ausgerüstet und jeweils mit einer 4,5 Meter hohen Gabionenwand von den Geräuschen und Lärm der Autobahn abgeschirmt.

Vor allem die Erschließung der Anlagen mit Strom und Wasser bzw. das Abwasser waren aufwändig:

Die Abwasserdruckrohrleitung zur Kläranlage Beckum hat eine Länge von vier Kilometern und wurde parallel zur Autobahn verlegt.

Manchmal habe ich bei Baustellen auch das Gefühl, da geht es nicht weiter, kein Arbeiter zu sehn tage- oder sogar wochenlang.

Auch dazu habe ich die Frau bei Straßen.NRW am Telefon befragt. Und auch hier gab Sie bereitwillig und nett Auskunft.
Oft täuscht nämlich der Eindruck. Momentan gibt es ja viele Brückensanierungen auf den Autobahnen. Hier finden die Arbeiten allerdings unter der Brücke statt, also für uns auf der Autobahn nicht sichtbar.

Dann gibt es natürlich wetterbedingten Stillstand, da bestimmte Arbeiten nur bei bestimmten Temperaturen und /oder Trockenheit ausgeführt werden können.

Und natürlich führen auch Planungs- und Koordinationsfehler zu Verzögerungen.

Wir sind alle nur Menschen und uns allen passieren Fehler.

Und leider passieren auch schlimme Unfälle, die natürlich dann zu Verzögerungen bei Baustellen führen.
Unter diesen Umständen sind dann Zeitverzögerungen das geringste Problem ...hier sterben Menschen!

Vollsperrung nach Unglück[89]

Arbeiter in Baustelle von Lkw erfasst und getötet - A3 gesperrt
Aktualisiert: 26.10.18 14:03

KÖLN In den frühen Morgenstunden verlor am Freitag ein Lkw-Fahrer auf der A3 die Kontrolle, er fuhr in eine Baustelle und erfasste einen Arbeiter.

Kein Einzelfall.

Beim Abbau einer Baustelle ist ein Arbeiter auf der Autobahn 3 bei Köln von einem Lastwagen erfasst und tödlich verletzt worden.

Der Lkw-Fahrer aus Köln sei gegen 4.30 Uhr in Richtung Frankfurt aus bislang ungeklärter

---

[89] (Landesbetrieb Straßenbau Nordrhein-Westfalen,Michael Höhne, Leiter des Stabs Arbeitssicherheit bei Straßen. NRW 2018)

Ursache in die Baustelle gefahren, teilte die Polizei am Freitag mit.

Die beiden Kollegen des getöteten 48-jährigen Kölners seien unverletzt geblieben. Die A3 wurde zwischen Köln-Delbrück und dem Autobahnkreuz Köln-Ost Richtung Frankfurt gesperrt. Laut Polizei stehen Lkw-Fahrer und die Kollegen des getöteten Bauarbeiters unter Schock.

Sie werden von Notfallseelsorgern betreut. Die Autobahn war in Richtung Frankfurt bis etwa 12 Uhr gesperrt.

Gegen 10 Uhr staute sich der Verkehr auf etwa 8 Kilometern. Die Polizei leitete den Verkehr ab dem Kreuz Köln-Ost um.

Der Auf- und Abbau von Baustellen ist gefährlich.

Der 48-jährige Bauarbeiter habe nicht für die Straßenbauverwaltung, sondern für ein privates Unternehmen gearbeitet, teilte der Landesbetrieb Straßen.NRW mit.

„Egal, für wen man arbeitet: Der Auf- und Abbau zum Beispiel von Pylonen und Schildern ist eine besonders gefährliche Arbeit, die

Menschen sind einem hohen Risiko ausgesetzt",
sagte der Leiter des Stabs Arbeitssicherheit bei
Straßen. NRW, Michael Höhne, auf Anfrage.

„Wir stellen immer wieder fest, dass Autofahrer
dort unkonzentriert sind, dass sie zu schnell
fahren und zu spät reagieren."

Das Risiko, tödlich zu verunglücken, ist laut
Straßen. NRW für Mitarbeiter der Meistereien
des Landesbetriebs 13 Mal höher als in
anderen Berufen der Branche.
„Statistisch gesehen kommt jedes Jahr ein
Mitarbeiter bei solchen Arbeiten ums Leben",
sagte Höhne.

Meiner Meinung nach versucht bei
Straßen.NRW jeder sein Bestes zu geben. Und
somit haben die auch etwas mehr Verständnis
von uns Autofahrern verdient.

Frage: Wie breit sind generell die Fahrstreifen auf Autobahnen:

Auch dafür, wie für vieles in Deutschland gibt es ein technisches Regelwerk, die Richtlinie für die Anlage von Autobahnen, kurz RAA.

Hier sind die Fahrbahnbreiten festgelegt, je nachdem wieviel Fahrstreifen da sind. Bei zweispurigen Autobahnen sind beide Fahrstreifen 3,5 m breit.

Bei dreispurigen Bahnen ist die rechte Spur 3,75 m die anderen beiden Spuren 3,5 m breit. Bei vierspurigen Bahnen sind die beiden rechten Spuren 3,75 m und die beiden linken Spuren 3,5 m breit.

Und wie sieht das in Baustellen auf Autobahnen aus?

Natürlich gibt es auch hierzu eine Richtlinie, die erspar ich Dir allerdings hier.

Wichtig ist, dass in einer Baustelle sog. Behelfsfahrstreifen eingerichtet werden, also Fahrstreifen(gelb), die von den normalen Fahrstreifen abweichen.

Diese Behelfsfahrstreifen sind je nach Baustellenlänge und Fahrstreifenanzahl rechts zw. 3,0 -3,25 m breit und links zw. 2,75-2,5 m breit.

Ein Lkw darf eine Breite vom 2,55 m nicht überschreiten, da wird es bei 3,0 m Fahrstreifenbreite rechts schon mal recht eng. Und dann kennst Du sicherlich das Verkehrszeichen 264, oder?

Da ist es:

Verkehrszeichen 264[90]
„Tatsächliche Breite"

Dies steht meist zu Beginn einer Autobahnbaustelle. (in NRW sind es meist 2,1 m) Dieses Schild sagt aus, dass der linke Streifen nur von Fahrzeugen befahren werden darf, die maximal 2 m breit sind.

---

[90] (StVO, Anlage 2, Abschnitt 6,lfd.Nr. 38, §41 StVO, Absatz 1 2019)

Und damit ist die Gesamtbreite deines Fahrzeuges gemeint, inkl. der Außenspiegel.

Weißt Du, wie breit Dein Auto ist...?

Ich wusste es auch nicht.
Im Fahrzeugschein steht meistens die Breite ohne Außenspiegel.
Die sind aber nun mal mit dran am Auto, also im Zweifel einfach mal nachmessen.

Mein aktueller Audi A 4 Avant ist 2,03 m breit, ich hab nachgemessen.

Viele Fahrzeuge, vor allen Dingen die beliebten SUV sind auf jeden Fall breiter als 2 m und wie oft sehe ich die links in der Baustelle...

Die Polizei kontrolliert und dann kostet es aktuell 20 € Verwarngeld.
Viel wichtiger ist, dass dadurch die Unfallgefahr steigt und man damit im schlimmsten Fall auch seinen Versicherungsschutz verlieren kann.

Auch für Straßen außerhalb von Autobahnen gibt es natürlich Richtlinien und Regelwerke, die erspare ich Dir an dieser Stelle. Hier sind die Fahrstreifen zwischen 2,75 und 3,75 m breit. Die Details sind dann eher was für den

Straßenbauingenieur und wie ich finde recht
kompliziert...

Frage: Stau auf der Autobahn, wie verhalte ich mich richtig?

Leider kommt es regelmäßig, bei mir jeden Tag
und auch zu jeder Tageszeit vor - der Stau auf
der Autobahn.

Ich habe manchmal das Gefühl, der Stau
bildet sich immer da, wo ich gerade herfahren
will.
Manchmal frage ich mich, warum hier und
warum jetzt, aber egal. Ich kann es nicht
ändern.

Wichtiger ist nun, es nicht noch schlimmer zu
machen, indem Du Dich verkehrsgefährdend
verhältst, und evtl. einen Unfall baust. Dann
gibt es nämlich noch mehr Stau.

Für mich ist das Stauende am gefährlichsten.
Oft genug hört man ja vom Auffahrunfall am
Stauende.

Da hat mal wieder ein LKW, oder auch ein PKW das Stauende übersehen und ist auf ein stehendes Fahrzeug aufgefahren.

Wie ich ja bereits schon vorher beschrieben habe, ist mir das auch schon mal passiert, so ein Auffahrunfall am Stauende.

Also das Stauende als Gefahrenpunkt frühzeitig zu erkennen, hilft schon mal.
Oft fängt so ein Stau erst auf der rechten Fahrspur an.
Hier ist es oft so, dass die LKW bereits stehen.
Auf dreispurigen Autobahnen brettern dann die Autos auf der mittleren und linken Spur mit 100 bis 150 km/h an den stehenden LKW vorbei.

Ich finde das Wahnsinn, das ist viel zu schnell, denk doch mal nach!

Das ist super gefährlich, da immer wieder Autos, die zwischen den LKW versteckt sind, plötzlich auf die mittlere Spur ziehen wollen und dies auch tun.

Manchmal wollen das die LKW sogar selbst, meistens mit sehr geringer Geschwindigkeit, da sie ja vorher standen.

Also verringre ich meine Geschwindigkeit auf
der mittleren Spur und bleibe bremsbereit,
egal was gerade für eine
Höchstgeschwindigkeit erlaubt ist.

Von der mittleren auf die linke Spur zu
wechseln, halte ich auch nicht für sinnvoll,
denn da fahren ja schon die Raser, die die
stehenden LKW rechts gar nicht
wahrnehmen...

Meistens dauert es nicht lange, dann überträgt
sich der Stau auch auf die anderen beiden
Fahrspuren und dann stehen alle.

Hier sieht man dann die Raser von ganz links
wieder und winkt sich freundlich zu...

Dann beginnen manche, hektisch die Spuren
zu wechseln, um natürlich schneller voran zu
kommen. Toll das bringt es echt.
Aus dem freundlichen Anfangsgruß, wird dann
schnell der Stinkefinger.

Natürlich bringt weder der Stinkefinger noch
das ständige Spurwechseln etwas...

Da die Fahrstreifen in den Baustellen oft sehr
eng sind, gibt es für mich zwei Möglichkeiten
vorzugehen.

Entweder ich ordne mich frühzeitig (bevor die durchgezogene Linie in der Baustelle anfängt) auf dem rechten Fahrstreifen ein und fahre dann hinter den LKW her, die oft auch in Baustellen schneller fahren als erlaubt. Wenn es dann zum Stillstand rechts kommt, habe ich halt Pech gehabt...

Oder, ich bleibe auf dem mittleren Fahrstreifen und versuche versetzt zu fahren. Das heißt, ich bleibe hinter einem LKW und fahre am äußerst rechten Rand meines Fahrstreifens. So ist neben mir rechts frei und zusätzlich hat der Autofahrer, der unbedingt links überholen will auch mehr Platz.

So sind alle zufrieden und die Unfallgefahr ist geringer.

Ach und dann ist da ja auch noch die Rettungsgasse, die wir im Stau bilden müssen.

StVO § 11 Besondere Verkehrslagen[91]

2) Sobald Fahrzeuge auf Autobahnen sowie auf Außerortsstraßen mit mindestens zwei Fahrstreifen für eine Richtung mit Schrittgeschwindigkeit fahren oder sich die

---

[91] (StVO, § 11 Besondere Verkehrslagen 2019)

Fahrzeuge im Stillstand befinden, müssen diese Fahrzeuge für die Durchfahrt von Polizei- und Hilfsfahrzeugen zwischen dem äußerst linken und dem unmittelbar rechts danebenliegenden Fahrstreifen für eine Richtung eine freie Gasse bilden.

Linke Spur nach links, alle anderen Spuren nach rechts, ganz einfach...

Das mit der linken Spur klappt auch meistens. Wenn einer anfängt ziehen die anderen nach, super!

Aber dann geht's schon schlechter.

Der mittlere Fahrer müsste jetzt nun nach rechts fahren, kann er allerdings oft nicht, da die ganz rechte Spur (bei drei Spuren) einfach nicht mitmacht.

Hier fahren meist LKW keinen Millimeter nach rechts, sodass man als PKW in der Mitte, fast in die LKW Reifen fährt.

Die Folge, dass Rettungsfahrzeuge nicht oder langsamer durchkommen, kann Menschenleben kosten.

Stell Dir mal kurz vor, ein Familienmitglied oder ein guter Freund von Dir braucht dort

Hilfe und der Rettungswagen steckt fest, weil Du die Rettungsgasse nicht freigemacht hast. Ich möchte daran nicht schuld sein...

Und dann ein Fall aus August 2019, der tatsächlich in Dortmund passiert ist.

Da wendet doch tatsächlich ein Autofahrer in der Rettungsgasse und fährt gegen die Fahrtrichtung...unglaublich!!

Bild: Feuerwehr Dortmund, August 2019
Das wird hoffentlich ein Fahrverbot nach sich ziehen, und das zu Recht!

Frage: Wie verhalte ich mich richtig bei einer durchgezogenen Linie?

Die durchgezogene Linie, die die Fahrbahnen, oder einzelne Fahrstreifen voneinander trennt, ist offiziell ein Verkehrszeichen (Nr. 295, Fahrstreifenbegrenzung), auch wenn man bei einem Verkehrszeichen von einem Schild ausgeht.

Und diese Linie bedeutet, ganz einfach immer Überfahrverbot.

Sie (die Linie) dient der Verkehrssicherheit, auch wenn man das als Autofahrer manchmal nicht direkt erkennt, oder erkennen will...

In der Regel begegnest Du dieser durchgezogenen Linie an unübersichtlichen, engen Stellen, in Kurven, bei Gefällestrecken und in Baustellen.

Wer eine durchgezogene Linie überfährt, riskiert ein Verwarngeld, dazu später mehr...

Die durchgezogene Linie gibt es als einfach; als doppelt und als einseitig durchgezogene Linie.

Zeichen Nr. 295 [92]
Fahrstreifenbegrenzung

Zeichen Nr. 295
doppelte Fahrstreifenbegrenzung

---

[92] (StVO, Anlage 2, Abschnitt 9 , lfd. Nr. 68, §41 StVO, Absatz 1 2019)

Zeichen Nr. 296[93]
Einseitige Fahrstreifenbegrenzung

Wie oben gesagt, durchgezogene Linien, egal wo, egal in welcher Ausführung dürfen nicht überfahren werden.

Bei der einseitig durchgezogenen Linie, darf diese Linie nur von der gestrichelten Seite aus überfahren werden, von der anderen Seite nicht.

Die doppelt durchgezogenen Linien sollen nur das Überfahrverbot nochmal verdeutlichen und bekräftigen.

Auch die gelben durchgezogenen Linien in Baustellen dürfen nicht überfahren werden.

---

[93] (StVO, Anlage 2, Abschnitt 9 , lfd. Nr. 69, §41 StVO, Absatz 1 2019)

Nicht zum Überholen eines rechts fahrenden LKW.

Nicht, um auf den linken, freien Fahrstreifen zu wechseln.

Und auch nicht, um vom linken Fahrstreifen nach rechts zu wechseln, um vielleicht einem Drängler, der überhaupt nicht versteht, warum ich gerade jetzt die vorgeschriebene Höchstgeschwindigkeit von 60 km/h auch auf der linken Spur einhalte, Platz zu machen.

Also, um das klar zu sagen, zählt die durchgezogene Linie mehr, als das Rechtsfahrgebot!

Radfahrer (oder Mofa) dürfen bei einer durchgezogenen Mittellinie nur überholt werden, wenn der seitliche Mindestabstand von 1,5 m eingehalten werden kann, ohne die durchgezogene Linie zu überfahren.

Manchmal ist es schwierig, diesem Druck stand zu halten und all diese Regeln zu beachten. Oft genug hab ich diese durchgezogenen Linien auch schon überfahren, aber ich weiß wenigstens, dass dies nicht erlaubt ist.

Ganz blöd ist das momentan vor der Leverkusener Brücke auf der A1.

Da teilt sich mehrere Kilometer vor dem Kreuz die Fahrbahn in zwei rechte Fahrbahnen und eine linke Fahrbahn, getrennt durch eine doppelt durchgezogene Linie. Die beiden linken Fahrbahnen gehen Richtung Euskirchen weiter.

Das blöde ist, dass die zwei rechten Streifen immer voll sind (da wollen welche nach Leverkusen oder nach Oberhausen, die müssen sich rechts einordnen).
Ich will meist nach Euskirchen, und könnte links schneller vorankommen, wenn, ja wenn ich mich frühzeitig links eingeordnet hätte, bevor die doppelt durchgezogene Linie beginnt.

Es gibt frühzeitig Schilder, die genau darauf hinweisen.

Leider übersehe ich diese Schilder regelmäßig und dann muss ich mich entscheiden ...ab in den Stau, oder die Verkehrsregeln brechen und ein Verwarngeld riskieren.

Und es kann teuer werden!
Je nach Situation und Gefährdungslagen liegen die Strafen zwischen 30 und 300 €, 2 Punkten und einem Monat Fahrverbot.

Dies solltest Du immer im Hinterkopf behalten, wenn Du genau diese Strecke auch öfter fährst.

Frage: An welchen Wochentagen darf ein LKW überhaupt fahren?

An Wochenenden ist es wesentlich entspannter auf den Autobahnen, da die LKW fehlen. Oder genauer gesagt, an Sonn- und Feiertagen.

Geregelt ist dies in der StVO § 30, dieser lautet (Auszug):

§ 30 Umweltschutz, Sonn- und Feiertagsfahrverbot[94]

(1) Bei der Benutzung von Fahrzeugen sind unnötiger Lärm und vermeidbare Abgasbelästigungen verboten. Es ist insbesondere verboten, Fahrzeugmotoren unnötig laufen zu lassen und Fahrzeugtüren übermäßig laut zu schließen.

---

[94] (StVO, § 30 Umweltschutz, Sonn- und Feiertagsfahrverbot 2019)

Unnützes Hin- und Herfahren ist innerhalb geschlossener Ortschaften verboten, wenn andere dadurch belästigt werden.

(2) Veranstaltungen mit Kraftfahrzeugen bedürfen der Erlaubnis, wenn sie die Nachtruhe stören können.

3) An Sonntagen und Feiertagen dürfen in der Zeit von 0.00 bis 22.00 Uhr zur geschäftsmäßigen oder entgeltlichen Beförderung von Gütern einschließlich damit verbundener Leerfahrten Lastkraftwagen mit einer zulässigen Gesamtmasse über 7,5 t sowie Anhänger hinter Lastkraftwagen nicht geführt werden.

Das Verbot gilt nicht für

1. die Beförderung von

a) frischer Milch und frischen Milcherzeugnissen,
b) frischem Fleisch und frischen Fleischerzeugnissen,
c) frischen Fischen, lebenden Fischen und frischen Fischerzeugnissen,
d) leicht verderblichem Obst und Gemüse,

4. den Einsatz von Bergungs-, Abschlepp- und Pannenhilfsfahrzeugen im Falle eines Unfalles oder eines sonstigen Notfalles,

Übrigens Satz 1 und 2 gelten immer, also nicht nur Sonn- und Feiertags. Soviel zum Thema „Posing" mit Autos (Kapitel 6 Risikogruppe Junge Fahrer).

Kapitel 6: Meine Risikogruppen im Verkehr

Der Straßenverkehr ist potenziell immer gefährlich für alle Verkehrsteilnehmer.

Das Gefährdungspotenzial für alle steigt, wenn wir uns nicht an die StVO halten und machen was wir wollen.

Aus meiner Sicht gibt es allerdings ein paar Gruppen, die für mich als zusätzliche Risikogruppen gelten.

Dies sind junge Fahrer/innen bis 25 Jahre, ältere Fahrer/innen ab 65, Fußgänger, Radfahrer, Scooterfahrer, Motorradfahrer und LKW-Fahrer.

Die jungen Fahrer/in bis 25 Jahre:

Hier fehlt einfach die Erfahrung, der Weitblick Situationen im Straßenverkehr frühzeitig zu erkennen.

Dazu kommt, dass es ja cool ist, schnell zu fahren.
Jeder will zeigen, was er unter der Haube hat und wenn es nur das Auto vom Papa ist.

Gerade gestern habe ich mal wieder so einen jungen Fahrer gesehen, ein klassischen „Autoposer", der mit einem aufgemotzten Golf (breiter, härter, tiefer) auf der Hauptstraße in Selm aufgedreht hat, auch wenn nach 200 m der nächste Kreisverkehr kam...egal.

Diese Autoposer fahren praktisch im Kreis. Am besten an belebten Orten, wie Eisdielen oder Cafés lassen sie den Motor aufheulen usw., damit auch jeder sieht was für eine geile Karre er hat...

Aktuell überlegt die Politik solche Autoposer stärker mit Geldstrafen zu belegen. Ob das gelingt, mal sehn...

Aber ich war ja nicht besser in dem Alter. Zu meiner Sturm- und Drangzeit hatten alle, die supercool waren in unserer Clique einen Kadett C Coupé, natürlich auch breiter, härter, tiefer.

Einmal waren wir mal wieder unterwegs, natürlich zum „Heizen". Wir waren im

Industriegebiet unterwegs am Wochenende, schön schnell Kurven fahren...

Irgendwie war wohl die Straße nass und der Fahrer (ich war es nicht) fuhr natürlich zu schnell durch die Kurve.

Die Fahrt endete dann an einer Mauer...nicht frontal, aber die rechte Front tuschierte die Mauer. Der Spaß war schlagartig vorbei.
Zum Glück ist bei uns damals außer Blechschaden nichts Schlimmeres passiert...

Heutzutage gibt es ja das begleitete Fahren ab 17. Das finde ich auch gut. Vielleicht führt das langfristig zu vernünftigerer Fahrweise bei jungen Fahrern.

Es gibt spezielle Fahrsicherheitstrainings für junge Fahrer, bei denen speziell auf das schnelle Fahren eingegangen wird. Hier wird auch mit Unfallfotos als Abschreckung gearbeitet, um die jungen Leute zum Nachdenken anzuregen. Diese Kurse findet Ihr unter „Crash Kurs NRW", eine Kampagne der Polizei NRW, im Internet.

Ältere Fahrer/innen ab 65 Jahren:

Bei älteren Fahrern wundert ich mich immer wieder, warum die sich das antun, sich im Straßenverkehr mit dem eigenen Auto zu bewegen.

Bei dem täglichen Wahnsinn, habe ich mir vorgenommen, im Alter nicht mehr selbst zu fahren.

Vielleicht liegt es ja auch daran, dass ich jetzt täglich ca. 300 km in NRW unterwegs bin, und eben dies im Alter nicht mehr will.
Da, wo ich später hin will, natürlich möchte ich auch im Alter mobil sein, komme ich mit anderen Verkehrsmitteln besser hin als selbst zu fahren...

Jeder weiß, auch wenn man sich das selbst nicht eingestehen will, dass man im Alter langsamer reagiert, nicht mehr so stressresistent ist, oder einfach das ein oder andere körperliche oder geistige Gebrechen dazu kommt.

Immer wieder sehe ich Situationen, in denen ich denke, muss das sein...

Letztens auch wieder. Ich stehe auf einem Parkstreifen, direkt an der Straße und mache eine Pause. Da läuft doch ganz langsam und gebrechlich ein älterer Herr mit Rollator neben mir auf dem Bürgersteig auf das vor mir geparkte Auto zu.

Irgendwann erreichte er, nach einer gefühlten Ewigkeit das Auto. Er öffnete den Kofferraum, und es dauerte wieder eine gefühlte Ewigkeit, bis er den Rollator im Kofferraum verstaut hatte. Ich dachte die ganze Zeit, Mensch wann kommt denn seine Betreuung und hilft ihm und vor allen Dingen, wann kommt denn der Fahrer?

Aber nachdem der alte Mann seinen Kofferraum wieder geschlossen hatte, bewegte er sich, noch langsamer als mit Rollator auf die Fahrertür zu...

Ich dachte, das kann doch jetzt nicht sein, aber er stieg tatsächlich ein und fuhr selbst das Auto!

Ich kann mir einfach nicht vorstellen, ohne dass ich den Mann näher kenne, und vielleicht tue ich ihm ja Unrecht, dass dieser Verkehrsteilnehmer, und das war mitten in

Düsseldorf, hier gut aufgehoben ist und alle Verkehrssituationen gut und richtig meistert...

Ich finde, hier müsste man regulativ eingreifen. Ich finde es generell verwunderlich, dass man einmal im Leben mit 17 oder 18 Jahren einen Führerschein macht und niemand mehr fragt, ob man noch fahren kann, oder nicht.

Im Straßenverkehr interessiert das niemanden, ob der Fahrer noch alle Verkehrsregeln aktuell kennt und ob er körperlich und geistig in der Lage ist, am Straßenverkehr teilzunehmen.

Hier kann gefahren werden, bis ein Unfall passiert, oder jemand freiwillig seinen Führerschein, vielleicht auf Druck von Angehörigen abgibt.

Wenn zufällig ein Polizist bei einer Verkehrskontrolle Zweifel an der Fahreignung eines Fahrers hat, kann die Polizei einen Antrag auf Überprüfung der Kraftfahreignung stellen.
Dieser geht dann zum zuständigen Straßenverkehrsamt. Die schreiben dann den Fahrer an. Der betreffende Fahrer muss durch entsprechende Untersuchungen nachweisen,

dass er noch fit ist, sonst wird der Führerschein entzogen.

Sich hier allein auf die eigene Selbstverantwortung, die sich ja in vielen Paragraphen der StVO wiederspiegelt, oder auf die „Zufallstreffer" der Polizei zu verlassen, reicht meiner Meinung nach nicht aus.

In anderen techn. Bereichen, z.b. beim PE-Heizwendelschweißen (wird in der öffentlichen Gas- und Wasserversorgung eingesetzt), muss der Schweißer nach abgelegter Erstschweißprüfung, jedes Jahr eine sog. Verlängerungsprüfung ablegen, um die Berechtigung nicht zu verlieren, z.b. an einer Gasleitung zu schweißen.

Ich bin für eine Verlängerungsprüfung, wie beim PE-Schweißen, nach Alter gestaffelt:

- Zwischen 18- 50 Jahren alle 10 Jahre eine theoretische Führerscheinprüfung und eine ärztliche Tauglichkeitsuntersuchung

- Zwischen 51-69 Jahren alle 5 Jahre und ab 70 dann alle 3 Jahre.

Über die Altersstufen und Zeiträume kann man ja streiten, aber ich hoffe das Prinzip wird deutlich.

Zu dem Thema ältere Menschen hab ich hier zur Vertiefung noch eine interessante Studie gefunden.

Studie der BASt:[95]

Ältere Autofahrer: Sie fahren wie sie leben.

https://www.bast.de/BASt_2017/DE/Verkehrssicherheit/Fachthemen/U3-Aeltere-Autofahrer.html?nn=1497062

Und schaut man mal in andere Länder gibt es da bereits Regelungen:

---

[95] (BASt, Bundesanstalt für Straßenwesen 2020)

Italien:

Menschen unter 50 müssen alle zehn Jahre zur Kontrolle. Ab dem 50. Lebensjahr wird härter überprüft. Dann muss alle fünf Jahre der Führerschein verlängert werden, ab 70 alle drei Jahre und ab 80 alle zwei Jahre.

Dänemark:

Wer hier 75 Jahre und älter ist, muss alle zwei Jahre ein Attest vorlegen, wenn der Führerschein verlängert werden soll. Ab 80 sogar jedes Jahr.

Niederlande:

Gibt es auch eine Attest-Pflicht. Die gilt schon ab 70. Hier wird alle fünf Jahre gecheckt, ob man noch fit genug ist, ein Auto zu fahren.

Schweden, Großbritannien und Griechenland:

Autofahrer ab dem 70. Lebensjahr werden alle drei Jahre ärztlich überprüft.

Spanien:

Mit 45 Jahren muss jeder mit spanischem Führerschein zum Fahrtüchtigkeitstest. Der muss auch alle zehn Jahre wiederholt werden. Ab 70 alle zwei Jahre.

Deutschland:

Auch bei uns müssen Führerscheine verlängert werden. Alle, die ab dem 19. Januar 2013 ausgestellt werden, gelten 15 Jahre. Dies resultiert aus einer EU-Richtlinie aus 2006. Begründet wird dies zum einen mit dem Thema Fälschungssicherheit.

So hat man bei dem neuen Dokument immer den aktuellen Stand der Sicherheitstechnik, zum anderen kann man den Inhaber, aufgrund des aktuellen Bildes auch besser erkennen.

Wenn ich mir mein, über 30 Jahre altes Führerscheinbild ansehe, kann ich das voll und ganz nachvollziehen, erkennbar bin ich da auch nicht wirklich.

Alle Führerscheine, die vor dem 19.01.2013 ausgestellt wurden, müssen je nachdem ob es sich um ein Karten- oder Papierführerschein handelt, abhängig vom Ausstellungsjahr des

Führerscheines bzw. Geburtsjahr des Fahrerlaubnisinhabers entsprechenden bis zu einem festgelegten Datum erneuert werden.

Also mein Führerschein muss bis zum 19.01.2024 umgetauscht werden (siehe nachfolgende Tabellen).

Papierführerscheine, die bis einschließlich 31.12.1998 ausgestellt wurden, sind, abhängig vom Geburtsjahr des Führerscheininhabers, wie folgt umzutauschen:

Geburtsjahr des Fahrerlaubnisinhabers:	Tag, bis zu dem der Führerschein umgetauscht sein muss
Vor 1953	19.01.2033
1953 – 1958	19.01.2022
1959 – 1964	19.01.2023
1965 – 1970	19.01.2024
1971 oder später	19.01.2025

Unbefristete Kartenführerscheine, die in der Zeit vom 01. Januar 1999 bis 18.01.2013 ausgestellt wurden:

Ausstellungsjahr	Tag, bis zu dem der Führerschein umgetauscht sein muss
1999 – 2001	19.01.2026
2002 – 2004	19.01.2027
2005 – 2007	19.01.2028
2008	19.01.2029
2009	19.01.2030
2010	19.01.2031
2011	19.01.2032
2012 – 18.01.2013	19.01.2033

Der Unterschied bei uns: Wir müssen kein Attest beilegen, sondern nur ein Foto (6 € am Fotoautomaten) und aktuell 24 Euro Bearbeitungsgebühr zahlen. Das war's, egal wie alt wir sind. Hier geht es also nur um das Dokument und nicht um die Kraftfahreignung.

Wir können also quasi bis in den Sarg fahren...das kann doch nicht sein, oder?

Fußgänger:

Ja, auch die sind Verkehrsteilnehmer und sollten sich auch so verhalten.
Mich nervt total, wenn Fußgänger 10 m vor einer Fußgängerampel oder Zebrastreifen über die Straße laufen. Der richtige und sichere Weg ist ja soo weit...

Apropos Zebrastreifen. Da war ich doch letztens auch mal als Fußgänger unterwegs (ja kommt auch mal vor) und wartete am Zebrastreifen, dass ein Auto anhält. Mir gegenüber (also auf der anderen Straßenseite des Zebrastreifens) stand eine alte Oma.
Als dann die Autos anhielten, ging ich rüber, die Oma nicht. Auch als ich an ihr vorbei war,

bewegte sie sich immer noch nicht. Der erste
Autofahrer gestikulierte schon im Auto.

Ich sprach die Oma dann an: „Sie können jetzt
rübergehen, die Autos (mittlerweile hatte sich
eine lange Schlange gebildet) halten extra für
Sie an", sagte ich.

Die Oma schaute mich ungläubig an und
erwiderte
"Ja, meinen Sie?"

Ich: „Ja, die Autofahrer warten doch auf Sie".

Und tatsächlich ging Sie dann endlich.

Die Autofahrer bedankten sich bei mir und
konnten endlich weiterfahren.

Hier stellt sich die Frage, ab wann kann man
einen alten Menschen noch, ohne Begleitung,
auf die Straße lassen?

Und auch die Unachtsamkeit der Fußgänger
ist ein Problem. Da wird aufs Handy geschaut,
Musik gehört, usw. Genau wie beim
Autofahren lenkt so ein Verhalten natürlich
auch als Fußgänger ab.

Ich will damit nicht sagen, dass alle Fußgänger
selber schuld sind, wenn sie angefahren

werden. Natürlich werden die auch oft von Autofahrern einfach übersehen.
Also gemeinsam auf einander achten hilft.

Und noch eins bei Fußgängern. Immer wieder sehe ich Fußgänger, die abends wenn es dunkel ist unterwegs sind und überhaupt nicht daran denken was sie anziehen. Am besten auch noch dunkle Sachen und Kapuze auf.
Als Autofahrer sieht man diesen erst im letzten Moment (meist auch noch in Fahrtrichtung, sodass man auch ein helles Gesicht nicht sieht...) und wenn man den dann überholt hat, verschwindet er wieder schnell im Nichts.

So eine Warnweste, blinkende Leuchtbänder, oder Ähnliches würden hier Wunder wirken und die Sicherheit deutlich erhöhen.

Bei Kindern macht man es doch auch so, die blinken wie ein Weihnachtsbaum, richtig so...aber eben nicht nur bei Kindern.

Radfahrer:

Bei dem Thema Radfahrer kommt sofort Stimmung in die Bude. Je nachdem wer mit wem diskutiert, wirft man sich gegenseitiges Fehlverhalten vor.

Und womit, mit Recht. Auch hier gibt es
Kammeraden auf zwei Rädern, die wie die
wilde Sau fahren.
Ich hab mal einen Fahrradkurier mitten in
Düsseldorf beobachtet.

Wie der gefahren ist, grenzte an Selbstmord.
Er schlängelte sich in einem Affenzahn um die
Autos, quetsche sich an LKW vorbei, die keine
Chance hatten ihn zu sehen.

Für den ist das entweder der tägliche Kick, den
er braucht, oder totale Sorglosigkeit, ich weiß
es nicht.

Und dann muss ich bei Radfahrern
zwangsläufig an die Fahrradstadt schlechthin
in NRW denken, Münster.
Wer schon mal in Münster mit dem Auto
unterwegs war, weiß was ich meine.
In dieser Stadt wimmelt es an allen Stellen von
Radfahrern.
Leider gibt es auch hier welche, die glauben
eine eingebaute Vorfahrt zu haben.

Vielleicht denken die: „Ich bin Radfahrer in
Münster, mir gehört die Stadt, ich darf alles".

So kommt es mir oft vor. Ich bin selbst schon
von Radfahren beschimpf worden, obwohl ich

mich meiner Meinung nach richtig verhalten hatte.

Münster ist zwar aktuell nicht mehr Fahrradhauptstadt (das ist jetzt Karlsruhe, Stand: 2019), trotzdem sind viele Menschen in der Stadt mit dem Rad unterwegs.

Trotz guter Kampagnen der Stadt wie „Sicher durch Münster" sind die Unfallzahlen bei Radfahrern in den letzten Jahren immer noch zu hoch. Wie das speziell in Münster gelöst werden kann, weiß ich auch nicht.

Ich bin immer wieder froh, wenn ich aus Münster raus bin, ohne einen Radfahrer „umgenietet" zu haben. Bisher hatte ich vielleicht einfach nur Glück.

Ich fahre ja durch meinen Sport auch viel Rennrad. Von daher kenn ich beide Seiten.

Deshalb gilt auch hier, keine Gruppe ist frei von Schuld. Jeder sollte sich zuerst an seine eigene Nase fassen, bevor er der anderen Gruppe die Schuld gibt.
Natürlich gilt, wie bei Fußgängern, das Thema mit der reflektierenden Kleidung genauso. Und bitte denk immer ans Licht vorn und hinten, danke.

Scooterfahrer:

Über die Umweltbilanz dieser Scooter habe ich bereits an anderer Stelle berichtet. Hier geht es nun um die Sicherheit.

Diese Scooterfahrer sind für mich ein echtes Risiko. Es wird zu zweit auf einem Scooter gefahren. Es wird während der Fahrt aufs Handy geschaut und natürlich ist es uncool, Verkehrsregeln zu beachten.
Diese Scooter dürfen max. 20 km/h schnell fahren, ohne Helmflicht, ohne Führerschein.
Und die Scooter fahren wo sie wollen. Auf der Straße, auf Gehwegen überall da, wo er halt durchpasst.

Dazu kommt, dass sich viele Fahrer überschätzen, wenig Erfahrung im Umgang mit den Scootern haben oder einfach leichtsinnig sind. Und wie schon bei der Frage nach der Promillegrenze sind E-Scooter Kraftfahrzeuge, deshalb gelte hier die gleichen Promillegrenzen wie beim Auto.
In den Medien wird von steigenden Unfallzahlen berichtet.

Auch zu den Scootern gibt es Regeln, über die sich jeder Fahrer informieren muss.

Hier der Link dazu:[96]

https://www.adac.de/rund-ums-
fahrzeug/elektromobilitaet/elektrofahrzeuge/e
-scooter/

Motorradfahrer:

Natürlich gehören auch Motorradfahrer aus
meiner Sicht zur Risikogruppe.

Vielleicht siehst Du das anders, wenn Du
Motorradfahrer bist. Du passt überall durch
und kannst Dich schnell aus
Gefahrensituationen heraus retten, ja, ja is
klar!

---

[96] (ADAC .e.V., München, E-Scooter: Diese Regeln gelten für
Elektroroller 2020)

Die Zahlen sprechen für mich eine andere Sprache.

Lt. statistischem Bundesamt starben 2018:

699 Motorradfahrer in Deutschland.

Natürlich hat jeder dieser Unfälle seine eigene Geschichte. Und sicherlich gibt es auch zu dieser Zahl noch weitere Untersuchungen und Statistiken zur Unfallursache.

Dies will ich an diese Stelle nicht weiter beschreiben. Es sind auf jeden Fall zu viele Tote.

Aus meiner subjektiven Beobachtung heraus, gibt es folgende Gründe für die Einstufung von Motorradfahren in Risikogruppen:

- Motorradfahrer haben keine Knautschzone. Wenn es zum Unfall kommt, ist kein Blech vorhanden, welches schützen könnte.
Deshalb verstehe ich auch nicht, wie manche Motorradfahrer in kurzer Hose und T-Shirt, am besten noch in Sandalen fahren können...

- Motorradfahrer werden von Auto-oder LKW-Fahrern schnell übersehen. Selbst wenn der Motorradfahrer keinen Fehler macht, hilft es ihm dann nichts.

- Motorradfahrer überschätzen sich. Das soll keine generelle Verurteilung sein. Aber es gibt sie, die Kamikazefahrer, die meinen mit Ihrer Maschine alles zu dürfen und alles zu können. Im Stau von links nach rechts, oder auf dem Standstreifen vorbei am Stau, waghalsige Überholmanöver, weil ich ja so schnell wie ein Formel-1-Rennwagen beschleunigen kann. Das geht, wie ich finde, gar nicht.

Vielleicht hast Du es gemerkt, ich fahre kein Motorrad, da ich das für mich persönlich einfach für zu gefährlich einstufe.

Ich kann allerdings trotzdem die Faszination Motorrad sehr gut verstehen und will dies auch keinem miesmachen. Nur als Motorradfahrer sollte Dir Dein Risiko bewusst sein.

Leider passieren immer wieder solche
schweren Unfälle, wie hier im Raum Trier:

*Die Unfallstelle ist ein Trümmerfeld. Beide
Motorräder wurden beim Aufprall vollkommen
zerstört.* Foto: Polizei Trier

Hier der ganze Bericht dazu von TAG24.de [97]

https://www.tag24.de/nachrichten/zwei-
maenner-sterben-bei-schrecklichem-
motorraDunfall-trier-227349

Solche Bilder braucht kein Mensch. Bei dem
Unfall starben zwei Menschen.

LKW-Fahrer:

Je nachdem welche Statistik man liest,
ergeben sich die drei Top-Unfallursachen im
Zusammenhang mit LKW, die sich auch mit
meinen Erfahrungen decken wie folgt:

- Zu geringer Abstand

- Überhöhte Geschwindigkeit

- Übermüdung

---

[97] (TAG24.de, Bericht Zwei Männer sterben bei schrecklichem
Motorradunfall 2017)

Zu geringer Abstand:

Immer wieder beobachte ich das zu dichte Auffahren der LKW untereinander. Da sind manchmal nur gefühlte 5 Meter dazwischen. Ich hab mal gehört, dass die das wegen des besseren Windschattens machen, um dadurch Sprit zu sparen, weiß nicht ob das stimmt...

Der vorgeschriebene Mindestabstand von 50 m wird aus meiner Sicht selten eingehalten, ich würde sogar nie sagen.

Und was LKW-Fahrer wohl gar nicht leiden können sind PKW auf „ihrer" Spur...

Es gab eine Zeit, da habe ich viel während der Fahrt telefoniert. Um meine gefühlte Sicherheit zu erhöhen, dachte ich damals, wäre es sicherer, sich hinter einen LKW rechts zu hängen, um dann in Ruhe zu telefonieren... Das allein war aus heutiger Sicht Wahnsinn, aber ich sagte ja bereits, ich war auch nicht immer vernünftig!
Also ich fuhr von Bielefeld zurück in mein Büro nach Lünen und hängte mich mit 80 km/h hinter einen LKW.

Ich versuchte, einen ausreichenden Sicherheitsabstand einzuhalten und telefonierte los.

Und wie das dann so ist, auch wenn man mit Freisprechanlage im Auto telefoniert, ist man abgelenkt. So hatte ich nicht mitbekommen, was hinter mir passierte.

Bis, ja bis plötzlich ein LKW Horn ertönte, zweimal.

Vor Schreck hätte ich fast mein Lenkrad verrissen.

Als ich dann in den Rückspiegel sah, sah ich nur einen großen verchromten Kühlergrill.

Den LKW konnte ich mir nur denken, da dieser so nah dran war. Ich dachte der fährt mir jeden Moment ins Auto...

Jetzt war vor mir ein LKW, der mittlere Fahrstreifen war voll und hinter mir dieser hupende LKW. Mittlerweile hatte er nicht nur das Signalhorn, sondern auch die Lichthupe gefunden und mehrfach betätigt, ich dachte kurzfristig an Weihnachten (und das im März) so hell war es plötzlich.
Ich bekam wirklich echte Panik und Angst.

Das war kein Spaß mehr, ich zitterte am ganzen Körper, trotz meiner Fahrerfahrung hatte ich so etwas noch nicht erlebt...

Da kann niemand mehr ruhig und gelassen bleiben.
Ich glaube sogar, ich unterstelle dem Brummifahrer, dass er diese Macht, die er in dem Moment hatte, genossen hat.

Ich dagegen hatte wirklich Todesangst und wollte nur noch weg. Nach einer mir ewig vorkommenden Zeit, ich weiß heute nicht mehr wie lange es wirklich gedauert hatte, kam ich nach links raus und war frei.

Ich fuhr den nächsten Parkplatz an, um mich dort erstmal zu beruhigen.

Lange dauerte diese Phase allerdings nicht, da ich von Rachegefühlen getrieben mir das Kennzeichen dieses LKW besorgen wollte und es gelang mir auch.

Damals gab es noch mitten im Kamener Kreuz eine Polizeistation, die ich dann ansteuerte, um den LKW-Fahrer anzuzeigen, wegen Nötigung.
Der Polizist meinte nur, dass hätte ich ja auch zu Hause machen können, nahm allerdings, wenn ich schon mal da war, eher gelangweilt die Anzeige doch auf.

Später wusste ich dann, warum der Polizist gelangweilt war. Er wusste schon vorher wie das Ganze ausgeht.

Nach einigen Wochen bekam ich Post, dass der Fahrer nicht ermittelt werden konnte und das Verfahren eingestellt wurde.

Ich werde diese Situation nie mehr vergessen.

Heute telefoniere ich deutlich weniger während der Fahrt, schaue häufiger in den Rückspiegel und wenn mir ein LKW zu nahekommt, bin ich früh genug weg.

Überhöhte Geschwindigkeit:

Was ich auch ein Phänomen finde ist, dass LKW auch bei schlechtem Wetter super schnell fahren. So scheint es mir auf jeden Fall. Ob bei starkem Regen, oder gar bei Schneefall, habe ich das Gefühl, die sehen vielleicht mehr, weil die Fahrer höher sitzen? Ich weiß es nicht. Dieses Verhalten halte ich allerdings für sehr gefährlich.

Dann fahren die LKW auch in Baustellen viel zu schnell, zumindest am Anfang der Baustellen.

Und auch am Stauende bekomme ich jedes Mal eine „negative Gänsehaut", wenn ich auf der mittleren Spur fahre und den Stau vor mir sehe. Logischerweise gehe ich dann vom Gas und rechts neben mir rast ein LKW im Affenzahn an mir vorbei, um dann 100 Meter weiter (hoffentlich) zum Stehen zu kommen. Ich stelle mir dann immer vor, wer da im Weg steht, wird plattgewalzt...

Übermüdung:

Um das zu vermeiden sind Lenk und Ruhezeiten da.

Seit 2006 sind digitale Fahrtenschreiber vorgeschrieben.

Dazu hat jeder Fahrer eine sog. Fahrerkarte, wo alle relevanten Daten gespeichert werden, unter anderem auch die Lenk- und Ruhezeiten des Fahrers.

Dazu gibt es, wie soll es anders sein, sogar eine Fahrtenschreiber-Verordnung. Wer will kann hier genauer nachlesen:[98]

---

[98] (Kraftfahrt-Bundesamt, Zentrale Register 2020)

https://www.kba.de/DE/ZentraleRegister/Fa
hrtenschreiber/Verordnungstexte/eu_Fahrten
scheiber_verordnungstexte_node.html

Hier werden die Geräte, der Einbau und die Handhabung der Fahrerkarten festgelegt.

Für die Lenk-und Ruhezeiten selbst gibt es natürlich auch eine Verordnung auf Europaebene. Auch hierzu ein Link:[99]

---

[99] (Kraftfahrt-Bundesamt, Zentrale Register 2020)

https://www.kba.de/DE/ZentraleRegister/Fa
hrtenschreiber/Verordnungstexte/vo_EG_561_
2006_pdf.html

Zusammengefasst und vereinfacht darf ein
Lkw-Fahrer täglich eine Gesamt-Lenkzeit von
9 Stunden nicht überschreiten.

Nach 4,5 Std. muss er/sie eine Pause von min
45 min machen. Nach den 9 Std. muss eine
Ruhezeit zw. 9 und 11 Std. eingehalten
werden.
Soweit die Theorie, alles geregelt, super, aber
die Realität sieht leider anders aus.

Problem in der Praxis ist dann auch oft, dass
der LKW-Fahrer zur Einhaltung der
Ruhezeiten einen Parkplatz braucht.

Schon geht's los mit der Suche nach einem Parkplatz für LKW. Da gibt es nämlich leider zu wenig, viel zu wenig.
Deshalb sehe ich immer wieder, dass LKW in der „Einflugschneise" zum Park-oder Rastplatz stehen. Das ist nicht nur verboten, sondern auch super gefährlich.

Manche Autofahrer interessiert das allerdings nicht. Die fahren viel zu schnell auf den Rastplatz. Oft genug passieren hier auch schwerer Unfälle...

Zurück zu den LKW-Fahrern. Hier werden Lenk-und Ruhezeiten auch bewusst missachtet und Kontrollen und Bußgelder in Kauf genommen.

Ein Übermüdungsanzeichen ist für mich, wenn ein LKW die Spur nicht hält.

Kennst Du das, wenn ein LKW, der rechts fährt, so langsam in den mittleren Fahrstreifen reindriftet?

Da driftet auch der Fahrer gerade in ein Nickerchen rein, schlimm.
Ich versuche dann immer, schnell dran vorbei zu kommen. Der Sekundenschlaf fährt auch bei den Brummifahrern immer mit.

Über LKW-Fahrer und deren
Arbeitsbedingungen wurde bereits viel in den
Medien berichtet.
Für kein Geld der Welt, würde ich mich auf so
einen Bock setzten. Manche geben ihrem LKW
Namen, aber das machen ja auch Autofahrer...

Allerdings gibt es Männer und auch Frauen,
für die der Beruf LKW-Fahrer echt eine
Berufung, die Erfüllung ist. Das Gefühl der
Freiheit, viele Ort sehen, ist für diese
Menschen das Größte. Und das ist super so,
denn jemand der seinen Job so sieht, macht
ihn auch meistens gut und das bedeutet mehr
Sicherheit für alle.
Der Druck auf diesen Berufsstand ist hoch.
Immer unter Zeit-und Termindruck. Wenn
man nicht pünktlich ist, kann es passieren,
dass der Fahrer die Ladung nicht
abgenommen bekommt, also seinen LKW nicht
abladen kann. Somit ergeben sich
Zwangspausen von bis zu 9 Stunden.

Dieser Zeitdruck führt auch immer wieder zu
diesen, bereits thematisierten
Elefantenrennen.

Der genervte PKW-Fahrer, seinerseits fährt
dann mit seinen 120 km/h auf die linke Spur.
Hier muss allerdings ein Fahrer mit 200 km/h

voll in die Bremsen steigen, wenn er es noch rechtzeitig schafft.

Eine Kettenreaktion des Schreckens...jeden Tag, tausendfach auf den Autobahnen!

Der technische Zustand und die Ladungssicherung sind auch noch Gefahren, die von LKW ausgehen.

Manche LKW sehen schon für mich als Laien irgendwie nicht vertrauenswürdig aus. Wenn dann noch falsch oder gar nicht gesicherte Ladung dazu kommt, hört der Spaß auf.

Der Druck in der Speditionsbranche ist auch gerade durch die osteuropäischen Fahrer noch größer geworden.

Der Verdienst der deutschen Fahrer ist schon niedrig, die aus Osteuropa verdienen einen Bruchteil von dem.

Auch diese Fahrer müssen sich an all diese Vorgaben und Lenkzeiten halten.

Insgesamt muss hier aus meiner Sicht viel mehr kontrolliert werden.

Es gibt Kontrollen vom BAG (Bundesamt für Güterverkehr) und von der Autobahnpolizei, die sogenannte Schwerlastgruppen hat.

Das sind speziell geschulte Polizisten, die eben LKW auf Autobahnen kontrollieren.

Reportagen darüber gibt es genug im Internet. Ein paar davon habe ich gesehen mit erschreckenden Bildern.

Die Polizei und das BAG machen hier eine echt gute und wichtige Arbeit. Leider fehlen auch hier Kapazitäten, um öfter zu kontrollieren...

Eine Zahl in diesen Reportagen hat mich auch geschockt. Nämlich, dass ca. 70 % der Waren in Europa mit dem LKW transportiert werden, Tendenz ist sogar steigend, Wahnsinn.

Hier ist eine Menge Geld im Spiel. Und wo viel Geld im Spiel ist, steigt auch die Versuchung, illegal zu arbeiten. Vielleicht auch mal Genehmigungen, die man bräuchte, nicht einzuholen oder eben Lenkzeiten zu überschreiten, Zeit ist Geld...

Deshalb sind mittlerweile die Strafen deutlich nach oben angepasst worden. Die Höhe der Strafe wird entsprechend berechnet. Gewinnabschöpfung ist hier das Zauberwort.

Das bedeutet als Beispiel.:

Wenn eine Spedition einen LKW losschickt der 4 cm zu hoch ist, dann ist das ohne Genehmigung verboten. Würde diese Genehmigung (je nach der zu fahrenden Strecke) 4000 € kosten, hätte der Spediteur ja jetzt, ohne Genehmigung, 4000€ Gewinn abgeschöpft.
Deshalb wäre in diesem Fall die Strafe auch 4000€ hoch.

Das finde ich eine super Sache und schreckt vielleicht etwas ab.
Leider werden solche Strafen einkalkuliert, da darauf spekuliert wird, nicht erwischt zu werden.
Insgesamt ist jeder LKW auf der Autobahn ein „systembedingtes Sicherheitsrisiko".

Solange wir es nicht schaffen, unsere Waren anders zu transportierten, wäre ich für radikale Maßnahmen:

- deutlich mehr Kontrollen

- Notbremssysteme nicht nur bei Neufahrzeugen, sondern bei allen LKW (Nachrüstpflicht)

- Generelles Überholverbot für LKW auf zweispurigen Autobahnen

- Verbot von sog. GIGA-Linern (LKW mit einer Länge von bis zu 25,25 m) bundesweit

- Abbiegeassistenten (leider erst ab 2022 in der EU bei Neuzulassungen Pflicht, auch hier müsste es eine Nachrüstpflicht geben)

Also, Du merkst, LKW-Fahrer und ich werden keine Freunde mehr, zumindest nicht auf der Straße.
Allerdings möchte ich hier nicht generell einen ganzen Berufsstand nur negativ darstellen.

Es gibt auch vernünftige LKW-Fahrer, die ihre Verantwortung ernst nehmen und sich an die Regeln halten.
Und wie bei allen Verkehrsteilnehmern gilt auch bei den Brummifahrern, jeder von denen hat ein Leben, jeder eine Geschichte, jeder ist ein Mensch und hat Respekt verdient.

Und gegenseitige Rücksichtnahme kann auch hier sehr hilfreich sein.

Kapitel 7: Ladungssicherung

„Achtung, Achtung, ein wichtiger
Verkehrshinweis, auf der A1 zwischen
Schwerte und Schwerte-Westhofen liegt eine
Schüppe auf der Fahrbahn. Fahren Sie bitte
vorsichtig!"

Solche oder ähnliche Meldungen kennst Du zu
genüge.

Fahrräder, Werkzeuge, Europaletten, Reifen,
Kanister, usw.
Alles liegt auf der Fahrbahn. Ich frage mich
wie so etwas passieren kann?
Ungesicherte Ladung kann echt gefährlich
werden.

Ich wollte das Thema Ladungssicherung
generell nur als Frage abhandeln.

Nachdem ich allerdings das Forschungs-und
Technologiezentrum in Selm besucht habe,
mache ich doch ein Kapitel daraus, da es
einfach zu wichtig ist.

Natürlich ist Ladungssicherung nicht nur bei
LKW sondern auch bei PKW ein Thema.

Vielleicht hast Du schon mal so ein Video mit ungesicherter Landung gesehen. Wenn nicht, hier ist eins vom ADAC. [100]

https://www.adac.de/rund-ums-fahrzeug/ausstattung-technik-zubehoer/ladungssicherung/ladung-sichern/

Ich will jetzt nicht zu stark in die Physikgrundlagen einsteigen, allerdings ist dies bei dem Thema Ladungssicherung wichtig für das Grundverständnis, was da überhaupt passiert.

Hier geht es um Kraft, Masse und Beschleunigung.
Die Kraft wird in Newton (N) gemessen und ergibt sich, wenn eine Masse (in kg) beschleunigt (m/s^2) wird.

---

[100] (ADAC e. V. , München, Bericht Gepäck richtig und sicher verstauen 2019)

In der Ladungssicherung spricht man von Dekanewton (daN). Deka ist griechisch für zehn. Also 1 daN sind 10 N und dies entspricht (bei Erdbeschleunigung) etwa 1 kg Masse.

Diese Einheit daN ist wichtig, um die richtigen Zurrgurte und Ladungssicherungsnetze zu finden. Auf den Produkten steht nämlich die Belastung in daN drauf. Aber dazu später mehr.

Da bei einem fahrenden Auto höhere Beschleunigung, bzw. bei einer Vollbremsung höhere Verzögerungswerte als die Erdbeschleunigung auftreten und dann auch noch Fliehkräfte mit im Spiel sind, werden aus harmlosen Gegenständen gefährliche Geschosse.

Damit das alles nicht nur trockene Theorie bleibt, hier mal eine anschauliche Tabelle:

Gegenstände werden zu Geschossen

Gegenstand	Masse	wirkende Fliehkraft*
Handy	300 g	→ 15 kg
Handtasche	3 kg	→ 150 kg
Rucksack	5 kg	→ 250 kg
Getränkekiste	14 kg	→ 750 kg
Hund	40 kg	→ 2.000 kg

*Crashtest bei einem Aufprall mit 50 km/h. Fliehkräfte können bis zum 50fachen des Eigengewichtes betragen. Deutscher Verkehrssicherheitsrat 2010, Aktion LADEGUT

Bild: DVR, Aktion LadeGUT, 2010

Was passieren kann, wenn die Ladung nicht richtig gesichert wird, erzählt folgende tragische Geschichte:

Da hatte ein LKW-Fahrer ein Krangewicht (aus Stahl, damit ein großer Baukran nicht umfällt) beim Transport auf der Autobahn auf seiner Ladefläche nicht richtig gesichert. Diese Krangewichte wiegen 3000 kg und mehr.

Bei einer Bremsung mit Ausweichmanöver flog das Gewicht vom LKW und durchbrach die Mittelleitplanke. Dabei entfaltete sich die Kraft einer riesigen Axt und zerteilte einen PKW in zwei Hälften.

So sah das Auto danach aus. Leider ist die Beifahrerin dabei getötet worden.

Bild: Forschungs- und Technologiezentrum Ladungssicherung Selm gGmbH, Selm

Nach so einem Horrorbild fällt es mir schwer, sachlich zu bleiben...So etwas muss nicht passieren!

Vielleicht liest Du nun etwas aufmerksamer weiter...

Damit so etwas eben nicht passiert, ist es wichtig die Ladung entsprechend zu sichern. Man spricht von kraftschlüssiger und formschlüssiger Ladungssicherung.

Kraftschlüssig bedeutet, dass man Druck über z.b. Zurrgurte auf die Ladung ausübt, um damit die Ladung fest auf den Boden zu drücken.

Formschlüssig bedeutet, dass man beim Beladen keine Lücken lässt, oder diese durch z.b. Stausäcke schließt, damit die Ladung erst gar nicht in Bewegung kommen kann.

Ein Grundsatz lautet dabei:

Formschlüssig vor kraftschlüssig.

Ist ja auch einleuchtend. Wenn sich die Ladung erst gar nicht bewegen kann, tritt keine Beschleunigung auf und somit auch keine Kraft.

Im Forschungs- und Technologiezentrum Ladungssicherung in Selm werden Schulungen angeboten und man informiert über das richtige Sicherungsmaterial.

Hier ein interessanter Link auf denen Homepage:[101]

https://www.lasise.de/forschung/laDungssicherung/

Beim Kauf von Sicherungssystemen, wie z.B. Zurrgurten und Ladungssicherungsnetzen, solltest Du nur nach DIN 12195-2 zugelassene Produkte verwenden. Die haben dann auch den oben angesprochenen daN Belastungswert.

Wenn Du dann die richtigen Zurrgurte und Ladungssicherungsnetze hast, müssen diese auch immer wieder überprüft werden.

---

[101] (Forschungs- und Technologiezentrum Ladungssicherung Selm gGmbH, Selm 2020)

Denn auch kleinste Einschnitte reduzieren die Zugfestigkeit schon um 50 %. Knoten in den Gurten reduzieren die Zugfestigkeit sogar um 70%.
Das bedeutet dann auch 70 % weniger Sicherheit für Dich.

Und natürlich ist das alles auch in der StVO bzw. StVZO (Straßenverkehrs-Zulassungs-Ordnung) klar geregelt.

Folgende drei Paragraphen sind hier wichtig.

StVO § 22 Ladung[102]

(1) Die Ladung einschließlich Geräte zur Ladungssicherung sowie Ladeeinrichtungen sind so zu verstauen und zu sichern, dass sie selbst bei Vollbremsung oder plötzlicher Ausweichbewegung nicht verrutschen, umfallen, hin- und her rollen, herabfallen oder vermeidbaren Lärm erzeugen können.
Dabei sind die anerkannten Regeln der Technik zu beachten.

---

[102] (StVO, § 22 Ladung 2019)

StVO § 23 Sonstige Pflichten von Fahrzeugführenden[103]

(1) Wer ein Fahrzeug führt, ist dafür verantwortlich, dass seine Sicht und das Gehör nicht durch die Besetzung, Tiere, die Ladung, Geräte oder den Zustand des Fahrzeugs beeinträchtigt werden.

Wer ein Fahrzeug führt, hat zudem dafür zu sorgen, dass das Fahrzeug, der Zug, das Gespann sowie die Ladung und die Besetzung vorschriftsmäßig sind und dass die Verkehrssicherheit des Fahrzeugs durch die Ladung oder die Besetzung nicht leidet.

StVZO § 31, Absatz 2, Verantwortung für den Betrieb der Fahrzeuge (Auszug)[104]

(2) Der Halter darf die Inbetriebnahme nicht anordnen oder zulassen, wenn ihm bekannt ist oder bekannt sein muss, dass der Führer nicht zur selbstständigen Leitung geeignet oder das Fahrzeug, der Zug, das Gespann, die Ladung oder die Besetzung nicht vorschriftsmäßig ist oder, dass die Verkehrssicherheit des Fahrzeugs durch die Ladung oder die Besetzung leidet.

---

[103] (StVO, § 23 Sonstige Pflichten von Fahrzeugführenden 2019)
[104] (StZVO, Straßenverkehrszulassungsordnung, § 23 Sonstige Pflichten von Fahrzeugführenden, Abs. 2 2019)

Hier steht klar, dass Halter und Fahrer verantwortlich sind. Der Halter muss dafür sorgen, dass sein Fahrer geeignet ist, eine ordnungsgemäße Ladungssicherung durchzuführen.

Das geht nur, indem der Halter den Fahrer regelmäßig schult und dies auch dokumentiert.

Gerade bei Speditionen kann es vorkommen, dass Fahrer, Teilnahmen an Schulungen unterschreiben, die nie stattgefunden haben.

Immer wieder tauchen dann die Mängel bei Kontrollen auf der Straße auf.

Experten schätzen, dass 70 % der in Deutschland fahrenden LKW-Fahrer nicht richtig geschult sind und/oder gar nicht mit den notwendigen Sicherungssystemen ausgestattet sind. Eine erschreckende Zahl, wie ich finde.

Hier müssten viel, viel mehr Kontrollen durchgeführt werden.

Und die PKW-Fahrer haben, auch wenn sie meist Halter und Fahrer in einer Person sind, die gleichen Pflichten zur Ladungssicherung wie LKW-Fahrer.

Stell Dir mal vor, Deine eigene Familie sitzt im Auto und wird durch falsch oder gar nicht gesicherte Landung schwer verletzt oder gar getötet.

Du wirst Deines Lebens nicht mehr froh!

Auch ich habe bei dem Termin im Forschungs- und Technologiezentrum Ladungssicherung in Selm festgestellt, dass ich die Ladung in meinem Firmenwagen nicht richtig gesichert hatte. Dies werde ich natürlich so schnell wie möglich ändern...

Zum Schluss noch ein paar Tipps für Jedermann zur Ladungssicherung:

- Schwere Gegenstände nach unten – formschlüssig an der Rückbank.

- Das Schwerste „auf der Achse".

- Freistehende Ladung mit Zurrgurten befestigen.

- Das Gewicht der Ladung immer gleich verteilen. Und stets eine Antirutschmatte drunter.

- Beachte: Wenn Ladung nach hinten herausragt oder seitlich übersteht, gelten zusätzliche Sicherungspflichten (StVO §22, Abs. 3-5)

- Auch wenn keiner auf der Rückbank sitzt:

  Gurte schließen! Bei einer Vollbremsung muss die Arretierung der Rückbank das Ladungsgewicht dann nicht alleine halten.

- Im Kombi Sicherheitstrenngitter oder Netz einsetzen. Ohne Trennsystem nie höher als Oberkante Rückenlehne laden. Vorhandene Kofferraumabdeckungen nutzen.

- Reifendruck und Scheinwerfer-Einstellung anpassen

- Ladeeinrichtungen (z.B. Dachgepäckträger, Fahrradanhänger) auf Funktionssicherheit überprüfen

- Zulässiges Gesamtgewicht, Achs- und Stützlast beachten.

Ich hoffe, ich konnte Dich ein wenig sensibilisieren was das Thema Ladungssicherung angeht.

Kapitel 8: Ablenkung im Straßenverkehr

Was sagt die StVO zum Thema Ablenkung?

Hier findet man gleich zwei Paragraphen:

§ 1 Grundregeln

1) Die Teilnahme am Straßenverkehr erfordert ständige Vorsicht und gegenseitige Rücksicht. (2) Wer am Verkehr teilnimmt, hat sich so zu verhalten, dass kein anderer geschädigt, gefährdet oder, mehr als nach den Umstanden unvermeidbar, behindert oder belästigt wird.

Ich kann diesen Paragraphen nicht oft genug nennen, und da brauche ich auch nichts mehr zu sagen.

Und § 23:

§ 23 Sonstige Pflichten von Fahrzeugführenden

Wer ein Fahrzeug führt, ist dafür verantwortlich, dass seine Sicht und das Gehör nicht durch die Besetzung, Tiere, die Ladung,

412

Geräte oder den Zustand des Fahrzeugs beeinträchtigt werden. Wer ein Fahrzeug führt, hat zudem dafür zu sorgen, dass das Fahrzeug, der Zug, das Gespann sowie die Ladung und die Besetzung vorschriftsmäßig sind und dass die Verkehrssicherheit des Fahrzeugs durch die Ladung oder die Besetzung nicht leidet. Ferner ist dafür zu sorgen, dass die vorgeschriebenen Kennzeichen stets gut lesbar sind.

Vorgeschriebene Beleuchtungseinrichtungen müssen an Kraftfahrzeugen und ihren Anhängern auch am Tage vorhanden und betriebsbereit sein.

(1a) Wer ein Fahrzeug führt, darf ein elektronisches Gerät, das der Kommunikation, Information oder Organisation dient oder zu dienen bestimmt ist, nur benutzen, wenn

hierfür das Gerät weder aufgenommen noch gehalten wird und

entweder

a) nur eine Sprachsteuerung und Vorlesefunktion genutzt wird oder

b) zur Bedienung und Nutzung des Gerätes nur eine kurze, den Straßen-, Verkehrs-, Sicht- und Wetterverhältnissen angepasste Blickzuwendung zum Gerät bei gleichzeitig entsprechender Blickabwendung vom Verkehrsgeschehen erfolgt oder erforderlich ist.

Geräte im Sinne des Satzes 1 sind auch Geräte der Unterhaltungselektronik oder Geräte zur Ortsbestimmung, insbesondere Mobiltelefone oder Autotelefone, Berührungsbildschirme, tragbare Flachrechner, Navigationsgeräte, Fernseher oder Abspielgeräte mit Videofunktion oder Audiorecorder.

Handelt es sich bei dem Gerät im Sinne des Satzes 1, auch in Verbindung mit Satz 2, um ein auf dem Kopf getragenes visuelles Ausgabegerät, insbesondere eine Videobrille, darf dieses nicht benutzt werden.
Verfügt das Gerät im Sinne des Satzes 1, auch in Verbindung mit Satz 2, über eine Sichtfeldprojektion, darf diese für fahrzeugbezogene, verkehrszeichenbezogene, fahrtbezogene oder fahrtbegleitende Informationen benutzt werden. Absatz 1c und § 1b des Straßenverkehrsgesetzes bleiben unberührt.

(1b) Absatz 1a Satz 1 bis 3 gilt nicht für

ein stehendes Fahrzeug, im Falle eines Kraftfahrzeuges vorbehaltlich der Nummer 3 nur, wenn der Motor vollständig ausgeschaltet ist, den bestimmungsgemäßen Betrieb einer atemalkoholgesteuerten Wegfahrsperre, soweit ein für den Betrieb bestimmtes Handteil aufgenommen und gehalten werden muss,

3. stehende Straßenbahnen oder Linienbusse an Haltestellen (Zeichen 224).

Das fahrzeugseitige automatische Abschalten des Motors im Verbrennungsbetrieb oder das Ruhen des elektrischen Antriebes ist kein Ausschalten des Motors in diesem Sinne. Absatz 1a Satz 1 Nummer 2 Buchstabe b gilt nicht für die Benutzung eines Bildschirms oder einer Sichtfeldprojektion zur Bewältigung der Fahraufgabe des Rückwärtsfahrens oder Einparkens, soweit das Fahrzeug nur mit Schrittgeschwindigkeit bewegt wird, oder die Benutzung elektronischer Geräte, die vorgeschriebene Spiegel ersetzen oder ergänzen.

(1c) Wer ein Fahrzeug führt, darf ein technisches Gerät nicht betreiben oder betriebsbereit mitführen, das dafür bestimmt *ist, Verkehrsüberwachungsmaßnahmen anzuzeigen oder zu stören. Das gilt insbesondere für Geräte zur Störung oder Anzeige von Geschwindigkeitsmessungen (Radarwarn oder Laserstörgeräte).*

Wer ein Fahrzeug führt, muss das Fahrzeug, den Zug oder das Gespann auf dem kürzesten Weg aus dem Verkehr ziehen, falls unterwegs auftretende Mängel, welche die Verkehrssicherheit wesentlich beeinträchtigen, nicht alsbald beseitigt werden; dagegen dürfen Krafträder und Fahrräder dann geschoben werden.
Wer ein Fahrrad oder ein Kraftrad fährt, darf sich nicht an Fahrzeuge anhängen. Es darf nicht freihändig gefahren werden. Die Füße dürfen nur dann von den Pedalen oder den Fußrasten genommen werden, wenn der Straßenzustand das erfordert.

Wer ein Kraftfahrzeug führt, darf sein Gesicht nicht so verhüllen oder verdecken, dass er nicht mehr erkennbar ist. Dies gilt nicht in Fällen des § 21a Absatz 2 Satz 1.

Ja ich weiß, viel Text, aber hier steht alles drin was man wissen muss.

Soweit die Theorie, leider sieht die Praxis ganz anders aus.

Schätzungen zu Folge (genaue Zahlen liegen nicht vor, da ja keiner freiwillig zugibt, dass er abgelenkt war indem er z.B. am Handy rumgefummelt hat) geht jeder zehnte Unfall auf die Nutzung des Handys zurück, und das ist ja nur **eine** Ablenkungsmöglichkeit.

Man spricht im Fachjargon von der sog. „Zweitbeschäftigung" von Autofahrern, kurioses Wort.

Darunter fallen:

- Heruntergefallene Gegenstände, die man dann während der Fahrt versucht wieder zu bekommen, klar kennt jeder.

- Rumfummeln am Handy, WhatsApp Nachrichten schreiben oder beantworten, SMS (macht heute kaum jemand mehr), oder Bearbeiten/Schreiben von E-Mails.

- Bedienung von Navigationsgeräten

- Einstellen/Verändern von Radio oder Klimaanlage

- Essen und Trinken

- Rauchen (man muss sich das Teil ja anzünden und aus der Packung fummeln)

- Intensives Hören und Mitsingen von Musik, am besten so laut, dass man nichts mehr von seiner Umgebung mitbekommt

- Intensives Hören von Hörbüchern (lenken mich auf jeden Fall auch ab)

- Intensives Konzentrieren auf Radioberichte

- Beifahrer und Kinder lenken natürlich auch ab

- Streitgespräche während der Fahrt

- Knibbeln an den Fingernägeln (da hilft ein Nagelknipser in Auto, bei Bedarf kannst Du rechts ranfahren und die störende Stelle beseitigen).

- Körperpflege und Schminkarbeiten

- Telefonieren ohne Freisprechanlage
  sowieso, aber auch Sprechen mit
  Freisprechanlage lenkt eindeutig ab.

Die Medien sprechen bereits von heimlichen
Killer-Handys. Man schätzt rund 500 Tote
jedes Jahr durch unzulässige Handynutzung
am Steuer.

Ich führe oft technisch komplizierte Gespräche
am Telefon.
Meine Gesprächspartner erwarten zu Recht
eine kompetente Aussage und Hilfe von mir.

Deshalb sage ich oft, wenn ich z. B., mitten im
Düsseldorfer Stadtverkehr unterwegs bin, dass
ich mir schnell eine Haltemöglichkeit suche
und meinen Kunden dann zurückrufe.
Dafür hat jeder am anderen Ende Verständnis.

Aus dem oben genannten § 23 geht für mich
klar hervor, dass auch das Tragen von
Kopfhörern das Gehör unzulässig
beeinträchtigt.

Auch die immer wieder diskutierte Frage, ob
ich an der roten Ampel, wenn die

Start/Stopp-Funktion meines Autos den Motor kurzzeitig „ausschaltet" bzw. in den Stand-by-Betrieb geht, denn dann die Handynutzung erlaubt ist, wird klar mit nein beantwortet.

Also, auch ich bin kein Heiliger. Das habe ich ja an der ein oder anderen Stelle hier im Buch beschrieben.
Auch heute noch muss ich mich immer wieder selbst daran erinnern (manchmal macht dies auch meine Frau, und das ist auch gut so), **nur** Auto zu fahren.

Such Dir jemanden, der auf Dich aufpasst, der Dich ermahnt und der Dich daran erinnert, dass Du nicht nur für Dein eigenes Leben und das Deiner Insassen verantwortlich bist, sondern auch für das Leben anderer Verkehrsteilnehmer. Du wirst sehen, es lohnt sich!

Kapitel 9: Meine Mobilität der Zukunft

Mein Buch beschreibt die Ist-Situation aus meiner Sicht im Hier und Jetzt im Jahr 2019/2020.

Wie wird die Mobilität in 20, 30 oder 100 Jahren aussehen?

Welche Probleme haben wir dann?

Keiner von uns kann dies heute genau sagen.

Eins steht für mich allerdings fest. So wie es heute ist, kann es nicht bleiben!

Es kann nicht sein, dass dies der letzte Entwicklungsstand der Menschheit ist in rollenden Blechkisten, auf verstopften Straßen, mit diesen Gefahren für Mensch und Umwelt, von A nach B zu kommen.

Untersuchungen haben ergeben, dass das durchschnittliche Auto ca. 90% seiner Lebenszeit steht und der Besetzungsgrad, also wieviel Personen in einem Auto sitzen bei 1,001 Personen liegt.

Ich kann diese Zahl bestätigen, wenn ich mich mal im Stau umsehe. Alle sitzen allein und wollen doch in die gleiche Richtung.

Des Weiteren sagen diverse Studien aus, dass die täglich gefahrene durchschnittliche Strecke von deutschen Autofahrern unter 40 km liegt.

Gerade bei diesen Kurzstrecken, ist die E-Mobilität aus meiner Sicht eine gute Alternative.

Nein, das glaube ich nicht, dass dies der letzte Stand der Menschheit sein soll...

Und viele Zukunfts- und Mobilitätsforscher glauben das auch nicht.
Zur Mobilität der Zukunft hat die Zukunftsinstitut GmbH aus Frankfurt eine interessante Studie im Auftrag des ADAC erstellt.[105]

---

[105] (Zukunftsinstitut GmbH, Studie " Die Evolution der Mobilität" 2018)

Hier der Link dazu:

https://www.zukunftsinstitut.de/artikel/die-evolution-der-mobilitaet/

Im Netz gibt es eine Menge interessante Seiten. Wer in der Suchmaschine „Mobilität der Zukunft" eingibt, und sich da tiefer informieren möchte, wird fündig.
Mobilität ist aus meiner Sicht in Zukunft ein Megatrend und enorm wichtig, nur sie wird anders sein als heute.

Die Vormachtstellung des Autos ist aus meiner Sicht schon heute vorbei.
Die „persönliche Abhängigkeit" vom Auto muss aufhören. Hier kann jeder einzelne von uns etwas dazu beitragen.

Allerdings müssen Politik, Wirtschaft und Gesellschaft viel mehr tun als heute und die Grundlagen für eine mobile Zukunft, die umweltfreundlich und nachhaltig ist, legen.

Leider ist das Auto für mich persönlich zurzeit beruflich alternativlos (irgendwann war das mal das Unwort des Jahres). Allerdings trifft es meine Situation genau.

Ich bin in ganz NRW unterwegs, besuche drei oder mehr verschiedene Kunden am Tag, an verschiedenen Orten.
Oft brauche ich Werkzeuge vor Ort, die ich mitbringe.
So sehr ich mir etwas Anderes wünschen würde, geht da am Auto aktuell nichts vorbei.

Allerdings gibt es viele Bereiche, in denen ich auch etwas ändern kann.

Wieso z.B. beliefern mich an einem Samstagvormittag drei verschiedene Paketdienste und liefern je ein bestelltes Paket bei mir oder meinen Nachbarn ab?

Ja klar, wirst Du jetzt sagen, dann muss ich eben nicht so viel bestellen (sagt meine Frau auch immer...), aber darum geht es ja nicht.

Es fahren drei Fahrzeuge, meist dieselbetrieben in meine Straße und verpesten die Umwelt, das muss doch nicht sein.

In Hamburg gibt es ein neues Model, wo mehrere Paketdienstanbieter zentral an einen Abholpunkt liefern. Dort holen die Kunden ihre Pakete ab, wenn sie eh gerade einkaufen sind. Für ältere, behinderte oder kranke Menschen könnte man dies durch einen gezielten Bringdienst ergänzen.

Das finde ich einen guten Ansatz, ich würde allerdings noch weitergehen.

Warum baut man nicht auf der grünen Wiese, vor den großen Stadtzentren, eine Paketsammelstation, wo alle Paketdienste hinliefen.
Von dort aus werden dann alle Pakete verschiedener Paketdienste für z. B. eine Straße/ein Baugebiet/ein Ortsteil von einem Zustelldienst (natürlich mit E-Antrieb) zum Kunden gebracht.

Auch Amazon erprobt ja jetzt schon andere Weg, nämlich die Auslieferung von Paketen durch Drohnen.

Des Weiteren wird es in Zukunft eine viel stärkere Vernetzung verschiedener Mobilitätsformen geben: Auto, Fahrrad, ÖPNV, Car-Sharing (teilen) Pooling(zusammenführen), Elektroscooter, usw.
Hier wird noch viel mehr kommen…

Das aktuelle Thema gerade sind ja die Innenstädte und die Dieselfahrverbote.

Warum macht man die Innenstädte nicht generell „autofrei" von klassischen Antrieben?

Ich parke mein benzin-oder dieselbetriebenes Auto auf Parkplätzen vor der Stadt und steige dort auf ÖPNV (elektrobetrieben und kurz getaktet), E-Scooter oder E-Auto um, und fahre damit in die Innenstadt. Städte wie Utrecht beweisen doch, dass es geht.

Bevor jetzt alle Selbstständigen, Dienstleister und Händler auf die Barrikaden gehen, müssen solche Regelungen natürlich mit Augenmaß und mit Ausnahmeregelungen für die Wirtschaft getroffen werden.

Sehr interessant finde ich auch die Entwicklungen rund um den Hyperloop. Ein Hochgeschwindigkeitszug in einer

Vakuumröhre, der superschnell und ohne
Emissionen unterwegs ist.

Für mehr Infos zu der Technik, hier ein
interessanter Bericht in der
WirtschaftsWoche [106]

https://www.wiwo.de/technologie/gadgets/hy
perloop-deutsches-unternehmen-hat-zwei-
jahre-vorsprung/13414068-4.html

---

[106] (WirtschaftsWoche Online (wiwo.de), Bericht: Der Kampf um den
Hochgeschwindigkeitszug von Matthias Hohensee 2019)

Genauso interessant sind Transportkapseln unter der Erde, damit die LKW auf den Straßen verschwinden...[107]

https://ngin-mobility.com/artikel/tunnel-systeme-logistik/

Dann gibt es ja auch noch die Wasserstoffantriebstechnologie. Ja, ja viel zu teuer, ich weiß!
Mir geht es nur um die nutzbare Technologie.
Hier ein Bericht vom Weser Kurier[108]

[107] (Vertical Media GmbH, NGIN Mobility, Bericht: "Die Logistiker der Zukunft gucken in die Röhre" von Jana Kugoth 2018)
[108] (Weser Kurier, Bericht " Die ersten Wasserstoff-Autos kommen" von Peter Hanuschke 2019)

https://www.weser-kurier.de/bremen/bremen-wirtschaft_artikel,-die-ersten-wasserstoffautos-kommen-_arid,1859514.html

Und die Luft ist ja auch noch da. Die ersten Lufttaxen für vier Personen werden schon getestet.
Und auch der Zeppelin als Frachttransporter ist für mich nicht tot.

Hier zwei interessante Berichte dazu:[109]
[110]

https://www.welt.de/wirtschaft/article175270
793/Flying-Whales-Frankreich-greift-die-
Zeppelin-Idee-auf.html

https://www.welt.de/wirtschaft/article192938
027/Verkehr-der-Zukunft-Elektro-Flugtaxi-
City-Airbus-hebt-erstmals-ab.html

---

[109] (Axel Springer SE, unter Welt.de. Bericht "Dieses Luftschiff soll den Cargolifter-Fluch besiegen" von Gerhard Hegmann, Gesche Wüpper, München, Paris 2019)
[110] (Axel Springer SE, unter Welt.de. Bericht "Das Airbus-Flugtaxi macht ersten Hüpfer" von Gerhard Hegmann 2019)

Was für mich auch eine zentrale Zukunftsrolle einnimmt, ist das Autonome Fahren.

Auch da gibt es ja Tests auf deutschen Straßen, die kontrovers diskutiert werden.

Aktuell fährt in Drolshagen ein autonomer Bus im ÖPNV. Dass natürlich die Busfahrer davon nicht begeistert sind, ist nachvollziehbar.

Auch hier ist die Technik längst noch nicht ausgereift.

Das merke ich gerade auch bei meinem neuen Audi A4.
Die Assistenzsysteme wie ACC (Additiv Cruise Control), Fahrspurassistent und Verkehrsschilderkennung unterstützen den Fahrer. Somit sorgen sie ein wenig mehr Sicherheit.

Technisch geht da noch einiges mehr, aber rechtlich dürfen auch Autohersteller nicht alles, was jetzt schon machbar ist.

Zu den rechtlichen Fragen, wer haftet wann, kommen ja auch noch die ethischen Fragen dazu.

Wie soll ein Computer sich entscheiden, wenn er entweder in eine Menschenmenge oder gegen ein Mauer fahren muss.
Tötet er also eher die Menschenmenge, oder die Insassen?
Kommt es bei der Entscheidung darauf an, ob die Menschenmenge aus alten oder jungen Menschen oder sogar Kindern besteht?

Nach welchen Kriterien entscheidet hier der Computer?

Wir Menschen programmieren das System, oder entscheidet bald das System über uns, da es eine selbstlernende KI (künstliche Intelligenz) ist?

Ich habe kürzlich einen sehr interessanten Bericht in einem Wissensmagazin im Fernsehen gesehen (leider weiß nicht mehr genau wo), indem führende Wissenschaftlicher zum Thema autonomes Fahren forschen und entwickeln.

Lt. diesen Wissenschaftlern ist es technisch echt schwer die Entscheidungen eines Menschen im Straßenverkehr auf einen Computer zu übertragen.

Allein den Gesichtsausdruck eines Fußgängers zu deuten (geht er jetzt über die Straße oder

nicht) und die vielen Eindrücke, die unser
Gehirn während der Autofahrt aufnimmt und
mit in unsere Reaktion einbezieht, sind
riesengroß.

Natürlich gehen die techn. Entwicklungen
weiter. Aber wir werden mehr Zeit benötigen,
als wir denken.

Und wie wir dann die ethischen Fragen lösen
sollen, weiß auch keiner...
Trotzdem denke ich, wird die Technik in
Zukunft die Straßen sicherer machen und wir
können die „Transportzeit", mit welchem
Verkehrsmittel auch immer, viel effektiver
gestalten. Sei es zum Arbeiten oder zur
Erholung.

Viele sehen die Elektromobilität sehr kritisch,
Batterieherstellung und deren Entsorgung, die
geringen Reichweiten, zu wenig Landesäulen,
usw.

Warum hat nicht jede normale Tankstelle auch
mehrere Ladesäulen für E-Autos?
Auch dies wird sich in Zukunft ändern.

Natürlich bringt es uns nicht weiter, wenn wir
einfach die Anzahl der Autos heute, morgen
durch E-Auto zu ersetzten.

Natürlich muss hier technisch noch einiges passieren, ja stimmt.

Und „nur" auf die E-Mobilität zu setzten, rettet uns auch nicht.

Die Diversität (Vielfältigkeit) der Mobilität ist die Lösung.

Es geht doch nicht darum, immer Gründe zu finden, warum etwas nicht geht. Und dann ein Problem nach dem nächsten zu nennen.
Sondern zu fragen, wie könnte es gehen?
Wie lösen wir die Mobilitätsprobleme der Zukunft?

Weniger Auto mehr Mobilität ist die Zauberformel.

Alles aus heutiger Sicht unvorstellbar. Aber hat man sich 1983 als Motorola das erste Handy auf den Markt gebracht hat, vorstellen können was wir heute nur 36 Jahre später mit den Dingern alles machen können?

Natürlich sind all diese Betrachtungen frei von jeglichen wirtschaftlichen Zwängen, einfach frei raus geschrieben, aber als Autor darf man das ja.

Die Mobilität der Zukunft wird aus meiner Sicht super spannend, ich freu mich drauf.

Schlusswort

Ich verlange viel von Dir, ich weiß!

Du musst Dich ja auch nicht gleich an alle
Regeln der StVO und Empfehlungen von mir
halten.

Fang vielleicht mit einzelnen Punkten, die Dir
sinnvoll erscheinen einfach mal an. Probiere es
mal für einen Tag aus, und fang an
umzudenken.

Ich erhebe keinen Anspruch auf Richtigkeit
meiner Einschätzung. Es sind meine
persönlichen Ansichten, Erfahrungen und
Gedanken.

Ich halte den Straßenverkehr für eine
dauerhafte und potenzielle Gefahrenquelle, der
Du Dir immer bewusst sein solltest.

Wie bei einem Stuntman, der auch immer
weiß, dass sein Beruf gefährlich ist. Auch er
kontrolliert immer wieder seine Sicherung und
ist achtsam bei dem was er tut.

Mir schärft der Vergleich mein Bewusstsein.

Mir hilft der Gedanke, wenn ich täglich
unterwegs bin, auch aufmerksam zu sein.

Respektvoll mit anderen Verkehrsteilnehmern
umgehen und ab und an auch mal Rücksicht
nehmen.

Wenn Du mit überhöhter Geschwindigkeit,
oder aufgrund von anderen Regelverletzungen
einen Unfall verursachst, wo im schlimmsten
Fall jemand verletzt oder gar getötet wird, wirst
Du Deines Lebens nicht mehr froh...

Normalerweise sollte der Spaß beim
Autofahren nicht verloren gehen, aber nicht
auf Kosten anderer und/oder Deiner
Sicherheit.

Verkehrsregeln zu beachten ist kein
100 %-Schutz vor dem plötzlichen
Verkehrstod, aber es hilft die Sicherheit für
alle zu erhöhen.

Jeder von uns sollte seine Wut in der Blechkiste im Griff haben...

Jeder von uns sollte mehr Rücksicht auf Andere nehmen...

Jeder von uns sollte selbst zuerst die Verkehrsregeln einhalten, bevor er über Andere meckert...

Jeder von uns sollte jeden Tag die Welt ein wenig besser machen...

Ich wünsche, dass Dir die Kunst zu überleben gelingt.

Allseits gute und sichere Fahrt!

Danksagung:

Zuerst danke ich meiner Familie, meiner Frau Steffi und meinen Kindern Natalie und Isabell (und deren Freunden Phil und Jan-Louis).

Danke, dass ihr alle die ewigen Diskussionen über Verkehrsregeln ausgehalten habt. Ich weiß, ich kann manchmal sehr anstrengend sein. Danke, ich liebe euch!

Dann, danke ich Jörg für die Unterstützung beim Cover und den Plakaten. Katrin, Ausi und Jochem, danke Euch für das gute und konstruktive Korrekturlesen. Ohne Euch hätte niemand das Buch lesen können.

Allen anderen nicht namentlich genannten Freunden danke ich auch, dass Ihr es ausgehalten habt, immer wieder über dieses Buch zu sprechen.
Weiterhin danke ich allen Organisationen, Verbänden, Medienagenturen, Verlagen, der Polizei, dem BMVI für die Unterstützung und Freigaben der Daten und Grafiken.

Über den Autor:

Stefan Rumpf ist ein ganz normaler Außendienstler, der seit fast 20 Jahren viel unterwegs ist.
„Die Wut in der Blechkiste" ist sein Erstlingswerk und man merkt, es ist ihm wichtig, Position zu beziehen, etwas zu ändern, Menschen zum Nachdenken zu bringen.

Er ist 1969 in Dortmund geboren, verheiratet, hat zwei Kinder und wohnt in Lünen, nah am Kamener Kreuz, passend für jemanden, der ein Buch über die Verkehrssituation schreibt.

Literaturverzeichnis

19.05.2020

kein Datum.

ADAC .e.V., München, E-Scooter: Diese Regeln gelten für Elektroroller. *Allgemeiner Deutscher Automobil-Club e.V., München.* 24. 01 2020. https://www.adac.de/rund-ums-fahrzeug/elektromobilitaet/elektrofahrze uge/e-scooter/.

ADAC e. V., München, Bericht Gepäck richtig und sicher verstauen. *ADAC e. V., München.* 02. 04 2019. https://www.adac.de/rund-ums-fahrzeug/ausstattung-technik-zubehoer/ladungssicherung/ladung-sichern/.

ADAC e.V. München, Bericht eCall: Elektronischer Schutzengel im Auto v. 29.11.2019. *ADAC e.V. München.* 29. 11 2019. https://www.adac.de/rund-ums-fahrzeug/unfall-schaden-panne/unfall/ecall/.

ADAC e.V. München, Staubilanz 2018. *ADAC e.V. München.* 17. 01 2019. https://www.adac.de/der-adac/verein/corporate-news/staubilanz/.

ADAC,. *ADAC München.* 2019.

adfc, Kreisverband Braunschweig e.V., Pressemitteilung vom 03.06.2019, Sabine Kluth. *Allgemeiner Deutscher*

Fahrad-Club (ADFC), Kreisverband Braunschweig e.V. 2019.

Axel Springer Auto Verlag GmbH, Hamburg, autobild. de, Aktion "Deutschlands bester Autofahrer". *Axel Springer Auto Verlag GmbH, Hamburg.* 2020. https://www.autobild.de/specials/deuts chlands-beste-autofahrer/.

Axel Springer Auto Verlag, Hamburg, autobild.de, Aktion Deutschlands beste Autofahrer. *Axel Springer SE, Berlin.* 2020. https://www.autobild.de/specials/deuts chlands-beste-autofahrer/.

Axel Springer SE, unter Welt.de. Bericht "Das Airbus-Flugtaxi macht ersten Hüpfer" von Gerhard Hegmann. *Axel Springer Syndication GmbH, Berlin.* 05. 05 2019. https://www.welt.de/wirtschaft/article1 92938027/Verkehr-der-Zukunft-Elektro-Flugtaxi-City-Airbus-hebt-erstmals-ab.html.

Axel Springer SE, unter Welt.de. Bericht "Dieses Luftschiff soll den Cargolifter-Fluch besiegen" von Gerhard Hegmann, Gesche Wüpper, München, Paris. *Axel Springer Syndication GmbH, Berlin.* 09. 04 2019. https://www.welt.de/wirtschaft/article1 75270793/Flying-Whales-Frankreich-greift-die-Zeppelin-Idee-auf.html.

BASt, Bundesanstalt für Straßenwesen. *Bundesanstalt für Straßenwesen,*

Bergisch Gladbach. 2020.
https://www.bast.de/DE/Verkehrssiche
rheit/Fachthemen/Aeltere-
Autofahrer.html.
Baustelleninformationssystem des Bundes
und der Länder, BASt. *Bundesanstalt für
Straßenwesen.* 2020.
https://www.bast.de/BASt_2017/DE/F
ahrzeugtechnik/Fachthemen/Baustellen
information/baustelleninformation_hidd
en_node.html.
BGH Bundesgerichtshof, Urteil vom
20.12.1977, Az. 4 StR 560/77,
dejure.org Rechtsinformationssysteme
GmbH. *dejure.org
Rechtsinformationssysteme GmbH,
Mannheim.* 1977.
https://dejure.org/dienste/vernetzung/
rechtsprechung?Gericht=BGH&Datum=
20.12.1977&Aktenzeichen=4%20StR%2
0560/77.
BR 24 Faktenfuchs-Artikel "Was bringt ein
Autobahn-Tempolimit für die Umwelt?",
Autor Bernd Oswald. *Bayerischer
Rundfunk, München.* 19. 02 2019.
https://www.br.de/nachrichten/wissen
/faktenfuchs-was-bringt-ein-autobahn-
tempolimit-fuer-die-umwelt,RGdL00H.
Bundesministerium für Verkehr und digitale
Infrastruktur, Referentenentwurf zur
StVO Novelle. *Bundesministerium für
Verkehr und digitale Infrastruktur, Berlin.*
2020.

https://www.bmvi.de/SharedDocs/DE/
Artikel/StV/stvo-novelle.html.
Bundesministerium für Verkehr und digitale
Infrastruktur, Wir erleichtern den
Zugang zum A1-Führerschein.
*Bundesministerium für Verkehr und
digitale Infrastruktur, Berlin.* 2020.
https://www.bmvi.de/SharedDocs/DE/
Artikel/StV/Strassenverkehr/wir-
erleichtern-den-Zugang-zum-
Fuehrerschein-zum-a1.html.
Bundeszentrale für gesundheitliche
Aufklärung (BZgA), Alkohol? Kenn dein
Limit. *Bundeszentrale für
gesundheitliche Aufklärung (BZgA), Köln.*
2020. https://www.kenn-dein-
limit.info/informier-dich.html.
DVR, Deutscher Verkehrssicherheitsrat, Bonn.
*Deutscher Verkehrssicherheitsrat e.V.,
Bonn.* 2020.
https://www.dvr.de/dvr/kurzdarstellun
g/.
Forschungs- und Technologiezentrum
Ladungssicherung Selm gGmbH, Selm.
*Forschungs- und Technologiezentrum
Ladungssicherung Selm gGmbH, Selm.*
2020.
https://www.lasise.de/forschung/ladun
gssicherung/.
Goodyear Dunlop Tires Germany GmbH "Held
der Straße Helfer mit Herz und Hand".
Goodyear Dunlop Tires Germany GmbH.
2020. http://held-der-

strasse.goodyear.de/index.php?page=ho
me.

Kraftfahrt Bundesamt, Bundeseinheitlicher
Tatbestandskatalog (BT-KAT-OWI).
Kraftfahrt Bundesamt. 2020.
https://www.kba.de/DE/ZentraleRegist
er/FAER/BT_KAT_OWI/btkat_node.html
.

Kraftfahrt-Bundesamt. *Kraftfahrt- Bundesamt,
Flensburg.* 2020.
https://www.kba.de/DE/Home/home_n
ode.html.

Kraftfahrt-Bundesamt, Zentrale Register.
Kraftfahrt-Bundesamt, Flensburg. 2020.
https://www.kba.de/DE/ZentraleRegist
er/Fahrtenschreiber/Verordnungstexte/
eu_Fahrtenscheiber_verordnungstexte_n
ode.html.

Landesbetrieb Straßenbau Nordrhein-
Westfalen, Kontaktinfo. *Landesbetrieb
Straßenbau Nordrhein-Westfalen,
Gelsenkirchen.* 2020.
https://www.strassen.nrw.de/de/unter
nehmen/kontakte.html.

Landesbetrieb Straßenbau Nordrhein-
Westfalen, Pressemitteilungen.
*Landesbetrieb Straßenbau Nordrhein-
Westfalen, Gelsenkirchen.* 2018, 2019.
https://www.strassen.nrw.de/de/presse
/meldungen/2019/index.html.

Landesbetrieb Straßenbau Nordrhein-
Westfalen, Verkehrszentrale. *Ministerium
für Verkehr des Landes Nordrhein-*

Westfalen, Düsseldorf. 2020. https://www.verkehr.nrw/.

Landesbetrieb Straßenbau Nordrhein-Westfalen,Michael Höhne, Leiter des Stabs Arbeitssicherheit bei Straßen. NRW. *Landesbetrieb Straßenbau Nordrhein-Westfalen,Gelsenkirchen.* 2018.

OLG Celle, Urteil vom 01.07.1968 Az. ,2 Ss 220/68 , dejure.org Rechtsinformationssysteme GmbH, Mannheim. 1968.

OLG Düsseldorf, Urteil vom 13.10.2003 , Az. 1 U 234/02, dejure.org Rechtsinformationssysteme GmbH,. *dejure.org Rechtsinformationssysteme GmbH, Mannheim.* 2003. https://dejure.org/dienste/vernetzung/ rechtsprechung?Gericht=OLG Düsseldorf&Datum=13.10.2003&Aktenz eichen=1 U 234/02.

OLG Hamm, Urteil vom 05.07.2001, Az. 2 Ss OWi 524/01 , dejure.org Rechtsinformationssysteme GmbH. *dejure.org Rechtsinformationssysteme GmbH, Mannheim.* 2001. https://dejure.org/dienste/vernetzung/ rechtsprechung?Gericht=OLG Hamm&Datum=05.07.2001&Aktenzeich en=2 Ss OWi 524/01.

OLG Hamm, Urteil vom 28.10.1993 ,Az. 6 U 91/93 ,dejure.org Rechtsinformationssysteme GmbH.

dejure.org Rechtsinformationssysteme GmbH, Mannheim. 1993. https://dejure.org/dienste/vernetzung/rechtsprechung?Gericht=OLG%20Hamm&Datum=28.10.1993&Aktenzeichen=6%20U%2091/93.

OLG Saarbrücken, Urteil vom 21.03.1980, Az. 3 U 141/79, dejure.org Rechtsinformationssysteme GmbH, Mannheim. 1980.

Presseportal news aktuell GmbH vom 31.08.2012 "Aggression im Straßenverkehr". *news aktuell GmbH, Hamburg. 31. 08 2012.* https://www.presseportal.de/pm/7849/2316633.

report, München, Parodie über Verkehrsrechte vom 27.04.1964. *Bayrischer Rundfunk, München. 06. 08 2012.* https://www.br.de/fernsehen/das-erste/sendungen/report-muenchen/report-verkehr-rechte100.html.

Statista GmbH, "Raser-Republik Deutschland" von Matthias Janson. *Statista GmbH, Hamburg. 22. 01 2019.* tps://de.statista.com/infografik/16727/tempolimits-auf-autobahnen/.

Statista GmbH, Daten aus Bericht von Andreas Ahlswede aus April 2019, Grafik: Natalie Rumpf. *Statista GmbH, Hamburg. April 2019.* https://de.statista.com/statistik/daten/

studie/30164/umfrage/verkehrstote-in-europa/.

Statista GmbH, Die zehn größten CO2-emittierenden Länder nach Anteil an den weltweiten CO2-Emissionen im Jahr 2018, Autor A. Breitkopf. *Statista GmbH, Hamburg.* 05. 12 2019. https://de.statista.com/statistik/daten/studie/179260/umfrage/die-zehn-groessten-c02-emittenten-weltweit/.

Statistisches Bundesamt. 2018. Statistisches Bundesamt, Fehlverhalten der Fahrzeugführer bei Unfällen mit Personenschaden, 2015-2018. *Statistisches Bundesamt (Destatis.de).* 2020. https://www.destatis.de/DE/Themen/G esellschaft-Umwelt/Verkehrsunfaelle/Tabellen/fehl verhalten-fahrzeugfuehrer.html.

Statistisches Bundesamt, Verkehrsunfälle, Zeitreihen 2018. *Statistisches Bundesamt, Wiesbaden.* 09. Juli 2019. https://www.destatis.de/DE/Themen/G esellschaft-Umwelt/Verkehrsunfaelle/Publikationen /Downloads-Verkehrsunfaelle/verkehrsunfaelle-zeitreihen-pdf-5462403.pdf?__blob=publicationFile.

Statistschges Bundesamt, Fachserie 8, Reihe 7, 2018. *Statistisches Bundesamt (Destatis.de).* 09. 07 2019.

https://www.destatis.de/DE/Themen/G esellschaft-Umwelt/Verkehrsunfaelle/Publikationen /Downloads-Verkehrsunfaelle/verkehrsunfaelle-jahr-2080700187004.html .

StGB, § 315c Gefährdung des Straßenverkehrs. *Bundesamt für Justiz.* 2020. https://www.gesetze-im-internet.de/stgb/__315c.html.

StGB, Strafgesetzbuch, § 323c Unterlassene Hilfeleistung; Behinderung von hilfeleistenden Personen. *Bundesministerium der Justiz und für Verbraucherschutz, Berlin.* 2020. https://www.gesetze-im-internet.de/stgb/__323c.html.

StVG Straßenverkehrsgesetz, § 24c, Satz 1, Alkoholverbot für Fahranfänger und Fahranfängerinnen. 2020.

StVO vom 06.März 2013 (BGBl.S. 367), zuletzt geändert duch Artikel 4 a der Verordnung vom 06. Juni 2019 (BGBl.I S. 756). *Bundesrepublik Deutschland.* 2019. https://www.gesetze-im-internet.de/stvo_2013/index.html.

StVO, § 1 Grundregeln. 2019.

StVO, § 11 Besondere Verkehrslagen. 2019.

StVO, § 12 Halten und Parken. 2019.

StVO, § 17 Beleuchtung. 2019.

StVO, § 18 Autobahnen und Kraftfahrstraßen, Absatz 6, Satz 8. 2019.

StVO, § 2 Straßenbenutzung durch Fahrzeuge.
2019.

StVO, § 22 Ladung. 2019.

StVO, § 23 Sonstige Pflichten von
Fahrzeugführenden. 2019.

StVO, § 23 Sonstige Pflichten von
Fahrzeugführenden, Abs. 1c . 2019.

StVO, § 26 Fußgängerüberwege. 2019.

StVO, § 3 Geschwindigkeit. 2019.

—. 2019.

StVO, § 30 Umweltschutz, Sonn- und
Feiertagsfahrverbot. 2019.

StVO, § 37 Abs. 2 Nr. 1, Satz 8 bis 10 . 2019.

StVO, § 37 Wechsellichtzeichen,
Dauerlichtzeichen und Grünpfeil. 2019.

StVO, § 4 Abstand. 2019.

StVO, § 42 Richtzeichen, Absatz 2. 2019.

StVO, § 5 Überholen. 2019.

StVO, § 5 Überholen, Satz 2. 2019.

StVO, § 5 Überholen, Satz 4. 2019.

StVO, § 5 Überholen, Satz 5. 2019.

StVO, § 7 Benutzung von Fahrstreifen durch
Kraftfahrzeuge. 2019.

StVO, § 7a Abgehende Fahr-, Einfädelungs-
und Ausfädelungsstreifen. 2019.

StVO, §7 Benutzung von Fahrstreifen durch
Kraftfahrzeuge. 2019.

StVO, Anlage 1, Abschnitt 1, lfd. Nr. 4, § 40
Absatz 6 und 7 und Anlage 2, Abschnitt
7, lfd. Nr. 49. 2019.

StVO, Anlage 1, Abschnitt 1,lfd.Nr. 2, § 40
Absatz 6 und 7. 2019.

StVO, Anlage 2, Abschnitt 1, lfd.Nr. 3, § 41
Absatz 1. 2019.
StVO, Anlage 2, Abschnitt 3, lfd.Nr. 10, § 41
Absatz 1. kein Datum.
StVO, Anlage 2, Abschnitt 4, lfd.Nr. 11, § 41
Absatz 1. 2019.
StVO, Anlage 2, Abschnitt 6,lfd.Nr. 38, §41
StVO, Absatz 1. 2019.
StVO, Anlage 2, Abschnitt 7, lfd.Nr. 49, § 41
Absatz 1. 2019.
StVO, Anlage 2, Abschnitt 7,lfd.Nr. 49 u. 49.1,
§41 StVO, Absatz 1. 2019.
StVO, Anlage 2, Abschnitt 7,lfd.Nr. 49 u.49.1,
§41 StVO, Absatz 1. 2019.
StVO, Anlage 2, Abschnitt 7,lfd.Nr. 49, §41
StVO, Absatz 1 und Zusatzzeichen nach
VzKat , Teil 7 Zusatzzeichen 1010-51.
2019.
StVO, Anlage 2, Abschnitt 7,lfd.Nr. 49, §41
StVO, Absatz 1 und Zusatzzeichen nach
VzKat , Teil 7 Zusatzzeichen 1042-33.
2019.
StVO, Anlage 2, Abschnitt 7,lfd.Nr. 49, und
Abschnitt 2, lfd. Nr.2, §41 StVO, Absatz
1. 2019.
StVO, Anlage 2, Abschnitt 7,lfd.Nr. 50 , §41
StVO, Absatz 1. 2019.
StVO, Anlage 2, Abschnitt 7,lfd.Nr. 51 , §41
StVO, Absatz 1. 2019.
StVO, Anlage 2, Abschnitt 7,lfd.Nr. 52, §41
StVO, Absatz 1. 2019.
StVO, Anlage 2, Abschnitt 7,lfd.Nr. 53, §41
StVO, Absatz 1. 2019.

StVO, Anlage 2, Abschnitt 7,lfd.Nr. 53, §41 StVO, Absatz 1 und Zusatzzeichen nach VzKat , Teil 7 Zusatzzeichen 1001-31. kein Datum.

StVO, Anlage 2, Abschnitt 7,lfd.Nr. 54, §41 StVO, Absatz 1. 2019.

StVO, Anlage 2, Abschnitt 7,lfd.Nr. 55, §41 StVO, Absatz 1. 2019.

StVO, Anlage 2, Abschnitt 7,lfd.Nr. 56, §41 StVO, Absatz 1. 2019.

StVO, Anlage 2, Abschnitt 7,lfd.Nr. 60 , §41 StVO, Absatz 1. 2019.

StVO, Anlage 2, Abschnitt 9 , lfd. Nr. 68, §41 StVO, Absatz 1. 2019.

StVO, Anlage 2, Abschnitt 9 , lfd. Nr. 69, §41 StVO, Absatz 1. 2019.

StVO, Anlage 3, Abschnitt 1,lfd.Nr. 1, § 42 Absatz 2. 2019.

StVO, Anlage 3, Abschnitt 4, lfd.Nr. 12, § 42 Absatz 2. 2019.

StVO, Anlage 3, Abschnitt 8, lfd.Nr. 22, §42 StVO, Absatz 2. 2019.

StVO, Anlage 3, Abschnitt 8,lfd.Nr. 22, § 42 Absatz 2. 2019.

StVZO, Straßenverkehrszulassungs-Ordnung, § 32 Abs. 1, Nr. 1. *Bundesrepublik Deutschland.* 2020. https://www.gesetze-im-internet.de/stvzo_2012/.

StZVO, Straßenverkehrszulassungsordnung, § 23 Sonstige Pflichten von Fahrzeugführenden, Abs. 2. 2019.

TAG24.de, Bericht Zwei Männer sterben bei schrecklichem Motorradunfall. *TAG24 NEWS Deutschland GmbH, Dresden.* 13. 03 2017. https://www.tag24.de/nachrichten/zwei-maenner-sterben-bei-schrecklichem-motorradunfall-trier-227349.

TNS Emnid-Umfrage im Auftrag des Deutschen Verkehrssicherheitsrats (DVR) e.V. zur Müdigkeit am Steuer aus 2016. *DVR, Bonn.* 16. 01 2017. https://www.dvr.de/presse/information en/4668.html.

UBOD ULRICH BIRKHOFF ONLINE DIENSTLEISTUNGEN, Gervenbroich, live-webcam-online.de. *UBOD ULRICH BIRKHOFF ONLINE DIENSTLEISTUNGEN, Grevenbroich.* 2020. http://www.live-webcam-online.de/anrw.htm.

Vertical Media GmbH, NGIN Mobility, Bericht: "Die Logistiker der Zukunft gucken in die Röhre" von Jana Kugoth. *Vertical Media GmbH, Berlin.* 14. August 2018. https://ngin-mobility.com/artikel/tunnel-systeme-logistik/.

VG Regensburg, Urteil vom 17.09.2015 , Az. RO 5 K 14.855 , dejure.org Rechtsinformationssysteme GmbH, Mannheim. 2015.

Weser Kurier, Bericht " Die ersten Wasserstoff-Autos kommen" von Peter Hanuschke. *WESER-KURIER Mediengruppe, Bremen.*

11. 09 2019. https://www.weser-kurier.de/bremen/bremen-wirtschaft_artikel,-die-ersten-wasserstoffautos-kommen-_arid,1859514.html.

WirtschaftsWoche Online (wiwo.de), Bericht: Der Kampf um den Hochgeschwindigkeitszug von Matthias Hohensee. *Handelsblatt GmbH, Düsseldorf.* 2019. https://www.wiwo.de/technologie/gadgets/hyperloop-deutsches-unternehmen-hat-zwei-jahre-vorsprung/13414068-4.html.

Zitat Cem Oezdemir im ARD Morgenmagazin vom 22.01.2019. *Norddeutscher Rundfunk, Hamburg.* 22. 01 2019. https://www.tagesschau.de/multimedia/video/video-496753.html.

Zitat Prof. Dr. Martin Baumann, Universität Ulm, Pressemitteilung Nr. 77/2014. *Universität Ulm, Forschungsbereich "Human Factors".* 07. 07 2014. https://idw-online.de/de/news595093.

Zitat Ulrich Chiellino, Artikel in der Main-Post v. 27.06.2016 v. Angela Stoll "Wenn das Auto zur Waffe wird". *Main-Post GmbH, Würzburg.* 27. 06 2016. https://www.mainpost.de/ueberregional/politik/zeitgeschehen/Wenn-das-Auto-zur-Waffe-wird;art16698,9270075.

Zukunftsinstitut GmbH, Studie " Die Evolution der Mobilität". *Zukunftsinstitut GmbH,*

Frankfurt am Main. 2018.
https://www.zukunftsinstitut.de/artikel
/die-evolution-der-mobilitaet/.

Coverdesign: Jörg Neumann, Dortmund

Coverfotos: Stephanie Rumpf, Lünen

Rechtliches:

Titelschutz:

Haftungsausschluss:

Der Autor übernimmt keinerlei Gewähr für die Aktualität, Korrektheit, Vollständigkeit oder Qualität der bereitgestellten Informationen. Haftungsansprüche gegen den Autor, welche sich auf Schäden materieller oder ideeller Art beziehen, die durch die Nutzung oder Nichtnutzung der dargebotenen Informationen bzw. durch die Nutzung fehlerhafter und unvollständiger Informationen verursacht wurden sind grundsätzlich ausgeschlossen, sofern seitens des Autors kein nachweislich vorsätzliches oder grob fahrlässiges Verschulden vorliegt.

Alle Angebote sind freibleibend und unverbindlich. Der Autor behält es sich ausdrücklich vor, Teile der Seiten oder das gesamte Angebot ohne gesonderte Ankündigung zu verändern, zu ergänzen, zu löschen oder die Veröffentlichung zeitweise oder endgültig einzustellen.

Verweise und Links

Bei direkten oder indirekten Verweisen auf fremde Internetseiten ("Links"), die außerhalb des Verantwortungsbereiches des Autors liegen, würde eine Haftungsverpflichtung ausschließlich in dem Fall in Kraft treten, in dem der Autor von den Inhalten Kenntnis hat und es ihm technisch möglich und zumutbar wäre, die Nutzung im Falle rechtswidriger Inhalte zu verhindern. Der Autor erklärt hiermit ausdrücklich, dass zum Zeitpunkt der Linksetzung keine illegalen Inhalte auf den zu verlinkenden Seiten erkennbar waren. Auf die aktuelle und zukünftige Gestaltung, die Inhalte oder die Urheberschaft der gelinkten/verknüpften Seiten hat der Autor keinerlei Einfluss. Deshalb distanziert er sich hiermit ausdrücklich von allen Inhalten aller gelinkten /verknüpften Seiten, die nach der Linksetzung verändert wurden. Diese Feststellung gilt für alle innerhalb des eigenen Internetangebotes gesetzten Links und Verweise sowie für Fremdeinträge in vom Autor eingerichteten Gästebüchern, Diskussionsforen und Mailinglisten. Für illegale, fehlerhafte oder unvollständige Inhalte und insbesondere für Schäden, die aus der Nutzung oder Nichtnutzung solcherart dargebotener Informationen entstehen, haftet allein der Anbieter der Seite, auf welche verwiesen wurde, nicht derjenige, der über Links auf die jeweilige Veröffentlichung lediglich verweist.

Urheber- und Kennzeichenrecht

Der Autor ist bestrebt, in allen Publikationen
die Urheberrechte der verwendeten Grafiken,
Tondokumente, Videosequenzen und Texte zu
beachten, von ihm selbst erstellte Grafiken,
Tondokumente, Videosequenzen und Texte zu
nutzen oder auf lizenzfreie Grafiken,
Tondokumente, Videosequenzen und Texte
zurückzugreifen.
Alle innerhalb des Internetangebotes
genannten und ggf. durch Dritte geschützten
Marken- und Warenzeichen unterliegen
uneingeschränkt den Bestimmungen des
jeweils gültigen Kennzeichenrechts und den
Besitzrechten der jeweiligen eingetragenen
Eigentümer. Allein aufgrund der bloßen
Nennung ist nicht der Schluß zu ziehen, dass
Markenzeichen nicht durch Rechte Dritter
geschützt sind!
Das Copyright für veröffentlichte, vom Autor
selbst erstellte Objekte bleibt allein beim Autor
der Seiten. Eine Vervielfältigung oder
Verwendung solcher Grafiken, Tondokumente,
Videosequenzen und Texte in anderen
elektronischen oder gedruckten Publikationen
ist ohne ausdrückliche Zustimmung des
Autors nicht gestattet.